Agonie des Eros

Fröhliche Wissenschaft 123

Byung-Chul Han

Agonie des Eros

Mit einem Vorwort
von Alain Badiou

Matthes & Seitz Berlin

INHALT

VORWORT

Die Liebe wieder erfinden

von Alain Badiou

Mit großem Nachdruck legt Byung-Chul Han in dem vorliegenden Buch dar, dass die Liebe, in dem starken Sinn, den eine lange historische Tradition ihr einräumt, bedroht ist, vielleicht schon tot, jedenfalls sehr krank: »Die Agonie des Eros«, lautet der Titel, den der Autor seinem Buch in der Originalversion gegeben hat.

Wer aber ist der Feind, unter dessen Schlägen die Liebe zu sterben droht? Es ist natürlich der zeitgenössische Individualismus, die Notwendigkeit, für alles auf dem Markt seinen Preis erzielen zu müssen, die Dimension des Eigennutzes, die heute das Verhalten der Individuen bestimmt. Tatsächlich steht die wahrhaftige Liebe all diesen Normen der heutigen Welt – der Welt des globalisierten Kapitalismus – rebellisch gegenüber, nicht etwa, weil sie in einem simplem Abkommen das angenehme Zusammenleben zweier Menschen gewährt, sondern einfach deshalb, weil sie eine radikale Erfahrung der Existenz des Anderen darstellt, vielleicht die einzige ihrer Art.

Für seine Beweisführung kombiniert Byung-Chul Han eine Art Phänomenologie der wahren Liebe, die auch die liebende Sexualität umfasst, mit einer vielgestaltigen Erkundung ihrer Bedrohungen. Auf der einen Seite die Beschreibung der absoluten Erfahrung der Andersheit; auf der anderen die punktuellen und inkriminierenden Verweise auf alles, was uns von dieser Erfahrung ablenkt und es uns sogar verbietet, deren Existenz und Folgen in Betracht zu ziehen.

So ist das Buch eine schonungslose Darlegung der Minimalbedingungen der wahren Liebe: Sie erfordert den Mut, sein Selbst zu vernichten, um den anderen entdecken zu können; zugleich ist es eine Art Streifzug zu all den Hinterhalten und Angriffen, mit der die heutige ausschließlich auf das Vergnügen, die narzisstische Befriedigung ausgerichtete Welt die Möglichkeit des Eros niederhält.

Genau diese Kombination aus philosophischer Strenge (der Text endet mit einem überraschenden Zitat von Deleuze) und einem aus unterschiedlichsten Quellen gewonnenen Reichtum an Beschreibungen macht das Buch so packend.

Im ersten Kapitel werden Lars von Triers Film *Melancholia*, das (im Film gezeigte) Bruegel-Bild *Die Jäger im Schnee* und Wagners *Tristan und Isolde* angeführt, um zu zeigen, dass der verheerende Einbruch des bloßen Außen, des *ganz Anderen*, für das normale Gleichgewicht des Subjekts offenbar ein Desaster bedeutet, aber auch ein Desaster, das durchaus das Glück der Selbstentleerung, der Selbstaberkennung, und schließlich der Weg zum Heil sein kann.

Im zweiten Kapitel gelangt man von einer scharfen Kritik an Foucault, der die Fähigkeit, das »Können« (als der Passivität des Wissens entgegengesetzt) und schließlich die Leistung würdigt, zu einem verhaltenen Lob Levinas' und Bubers, die geahnt haben, dass – ich zitiere hier Byung-Chul Han – »der Eros … gerade ein Verhältnis zum Anderen [ist], das jenseits der Leistung und des Könnens angesiedelt ist.« Was Foucault entgeht und Levinas lediglich einführt, ist tatsächlich, so die zentrale These unseres Autors, dass »die Negativität der Andersheit, nämlich die Atopie des Anderen, die sich jedem Können entzieht, ... konstitutiv [ist] für die erotische Erfahrung.« Man stößt hier auch auf eine äußerst erstaunliche Formulierung, die wie eine Matrix des gesamten Buchs fungiert: »Allein durch das *Nicht-Können-Können* hindurch erscheint der Andere.« Die amouröse Erfahrung ist also von Ohnmacht durchsetzt, ein Preis der für jede Offenbarung des Anderen zu entrichten ist.

Das dritte Kapitel durchzieht eine verblüffende Lektüre Hegels, bei dem der Autor die Macht der Liebe als neues Maß des Absoluten entdeckt. Kein Absolutes ohne absolute Negativität. Nur in der Liebe nämlich kann der Geist die Erfahrung seiner eigenen Vernichtung auf sich nehmen, kann er, wie Hegel fordert, »sich im Tod erhalten«, da die wahre Liebe annimmt, nichts mehr sein zu müssen, damit der Andere sich ereignet. Hegel macht hier Bataille möglich, dessen schreckliche Formulierung der Autor genüsslich zitiert: »Die Erotik kann man bestimmen als das Jasagen zum Leben bis in den Tod.«

Das vierte Kapitel – es trägt den Titel »Porno« – nimmt die klassische Opposition von Erotik und Pornografie auf. Der Autor bedient sich dabei, oft kritisch, Agambens und Baudrillards und zeigt, dass die Pornografie nichts anderes ist als die *Profanisierung* des Eros. Hier stößt man auf eine brillante Kritik der Ausstellung: »Der Kapitalismus verschärft die Pornografisierung der Gesellschaft, indem er alles als Ware ausstellt und zur Schau stellt. Er kennt keinen anderen Gebrauch der Sexualität. Er profaniert den Eros zum Porno.« Einzig die Liebe gestattet es, die Erotik, den Sex zu ritualisieren – und nicht auszustellen –, wodurch sich in der Nacktheit selbst das Mysterium des Anderen bewahrt, das durch die Ausstellung heute in eine konsumierbare Plattitüde verwandelt wird.

Das fünfte Kapitel schickt uns in Begleitung von Eva Illouz (*Warum Liebe wehtut*), Flaubert, Barthes und anderen auf die Reise, um zu zeigen, dass die Agonie der Liebe, die so reich ist an verschiedenartigen Fantasien über das Andere, ihren Ursprung auch darin hat, dass das heutige vereinheitlichte, kapitalisierte Universum »die Hölle des Gleichen« ist. Wir haben es hier mit einer tiefschürfenden Analyse zu tun, die zeigt, dass die Schranken, Grenzen, Ausschließungen, die der Kapitalismus insbesondere zwischen Reichen und Armen hervorbringt, ihre Ursache nicht in der Differenz, sondern im Identischen haben: »Das Geld macht aber prinzipiell alles *gleich*. Es nivelliert wesentliche Unterschiede. Grenzen als ausgrenzende und ausschließende Einrichtungen schaffen *Fantasien für den Anderen* ab.«

Das sechste Kapitel betrifft den Zusammenhang zwischen Liebe und Politik. Es stützt sich auf gut durchdachte Analysen Platons, seiner dynamischen Konzeption der Seele, insofern sie von der Liebe zur *Idee* geführt wird, die dem entgegengesetzt ist, was Han »Müdigkeitsgesellschaft« nennt, – auch das eine erstaunliche Formulierung, die unsere heutige Welt treffend beschreibt. Das Kapitel liefert eine genaue und starke Interpretation meiner eigenen Formulierung, wonach »die Liebe eine Bühne der Zwei« ist und in dieser Eigenschaft eine Art minimale politische Matrix darstellt. Es schließt mit der transformierenden Macht der Liebe: »Der Eros manifestiert sich als revolutionäres Begehren nach ganz anderer Lebensform und Gesellschaft. Ja, er hält die *Treue* zum Kommenden aufrecht.«

Das letzte Kapitel weist nach, dass die Liebe sogar für die Existenz des Denkens notwendig ist: »Ein Freund, ein Liebhaber muss man gewesen sein, um denken zu können.« So endet das Lob der Liebe, mit dem sich eine radikale Kritik der sie ablehnenden Welt verbindet: Auf die Liebe verzichten, zerstört das Denken.

Man kann sich vorstellen, dass dieses kleine spannende und reiche Buch, das in seinem Lob der Andersheit so großmütig ist wie scharf in seiner Kritik des modernen, erschöpften, individualisierten, »narzisstisch depressiven« Subjekts, zur Diskussion anregt. Ich möchte hier nur eine mögliche Spur legen: Kann man der konsumistischen und vertraglichen Konzeption einer Beziehung zum Anderen wirklich nur die nahezu unzugängliche Erhabenheit einer Aufhebung des Selbst entgegensetzen, um den Anderen erreichen zu können? Muss man der groben Positivität der monotonen persönlichen Befriedigung die absolute Negativität entgegensetzen? Die Konzeption einer liebenden Selbstopferung, des Verschwindens des Selbst im Anderen hat eine lange und ruhmreiche Geschichte: die der mystischen Gottesliebe, wie sie in den Gedichten des Johannes vom Kreuz leidenschaftlich verfolgt wird. Aber muss man nach dem Tod Gottes auf diesem Weg fortfahren? Vielleicht landen wir dort in einer Sackgasse. Vielleicht bietet die Perspektive einer der »Zwei der Liebe« entspringenden Konstruktion der Welt, die nicht mehr die meine noch die des Anderen ist, sondern, über das singuläre »Wir-zwei«, den Entwurf einer Welt für alle darstellt, einen eigenen

Weg. Vielleicht ist die Liebe, die Selbstaufgabe zugunsten des Anderen, bloß vorübergehend die absolute Bewährungsprobe der Negativität. Liegt nicht, metaphorisch betrachtet, eine Art ultralinkes Denken in jeder uneingeschränkten, absoluten Bejahung des Negativen und der Andersheit? Vielleicht ist die Liebestreue die mühsam erarbeitete, universell bewährte Überschneidung zweier Vergessenheiten, die zugunsten eines geteilten Realen kombiniert werden.

Den bemerkenswerten Essay von Byung-chul Han zu lesen ist jedenfalls eine der besten intellektuellen Erfahrungen, will man an einer der Auseinandersetzungen teilhaben, die augenblicklich am dringlichsten sind: an der Verteidigung, oder um es mit Rimbaud zu sagen, an der »Neuerfindung« der Liebe.

Aus dem Französischen
von Dirk Höfer

AGONIE DES EROS

MELANCHOLIA

In letzter Zeit wurde oft das Ende der Liebe ausgerufen. Die Liebe gehe heute an endloser Wahlfreiheit, an Optionsvielfalt und Optimierungszwang zugrunde. In einer Welt unbegrenzter Möglichkeiten sei die Liebe nicht möglich. Beklagt wird auch die erkaltete Leidenschaft. In ihrem Buch *Warum Liebe weh tut* führt Eva Illouz diese auf die Rationalisierung der Liebe und die Ausweitung der Technologie der Wahl zurück. Diese soziologischen Theorien der Liebe erkennen jedoch nicht, dass heute etwas im Gange ist, was der Liebe wesentlich mehr zusetzt als die endlose Freiheit oder unbegrenzte Möglichkeiten. Zur Krise der Liebe führt nicht allein zu viel Angebot am *anderen* Anderen, sondern die Erosion des *Anderen*, die derzeit in allen Lebensbereichen stattfindet und mit zunehmender Narzissifizierung des Selbst einhergeht. Dass *der Andere verschwindet*, ist eigentlich ein dramatischer Prozess, der aber fatalerweise von vielen unbemerkt voranschreitet.

Der Eros gilt dem *Anderen* im emphatischen Sinne, der sich ins Regime des Ich nicht einholen lässt. In der *Hölle des Gleichen*, der die heutige Gesellschaft immer mehr ähnelt, gibt es daher keine erotische Erfahrung. Diese setzt die Asymmetrie und Exteriorität des Anderen voraus. Nicht zufällig heißt Sokrates als Geliebter *atopos*. Der Andere, den ich begehre und der mich fasziniert, ist *ortlos*. Er entzieht sich der Sprache des Gleichen: »Als *atopos* lässt der Andere die Sprache erbeben: man kann nicht *von* ihm, *über* ihn sprechen; jedes Attribut ist falsch, schmerzhaft, taktlos, peinlich […].«[1] Die heutige Kultur des ständigen Ver-Gleichens lässt keine Negativität des *atopos* zu. Wir vergleichen permanent alles mit allem, nivellieren es dadurch zum *Gleichen*, weil uns gerade die Erfahrung der Atopie des Anderen abhanden gekommen ist. Die Negativität des *atopischen* Anderen entzieht sich der Konsumtion. So ist die Konsumgesellschaft bestrebt, die atopische Andersheit zugunsten konsumierbarer, ja *heterotopischer* Differenzen zu beseitigen. Die Differenz ist eine Positivität im Gegensatz zur Andersheit. Heute verschwindet überall die Negativität. Alles wird eingeebnet zum Objekt der Konsumtion.

Wir leben heute in einer Gesellschaft, die

zunehmend narzisstischer wird. Die Libido wird primär in die eigene Subjektivität investiert. Der Narzissmus ist keine Eigenliebe. Das Subjekt der Eigenliebe nimmt zugunsten seiner selbst eine negative Abgrenzung vom Anderen vor. Das narzisstische Subjekt kann dagegen seine Grenzen nicht klar festlegen. So verschwimmt die Grenze zwischen ihm und dem Anderen. Ihm erscheint die Welt nur in Abschattungen seiner selbst. Es ist nicht fähig, den Anderen in seiner Andersheit zu erkennen und diese Andersheit anzuerkennen. Bedeutungen gibt es nur dort, wo es sich selbst irgendwie wiedererkennt. Es watet überall im Schatten seiner selbst, bis es in sich ertrinkt.

Die Depression ist eine narzisstische Erkrankung. Zu ihr führt der überspannte, krankhaft übersteuerte Selbstbezug. Das narzisstisch-depressive Subjekt ist erschöpft und zermürbt von sich selbst. Es ist *weltlos* und verlassen vom *Anderen*. Eros und Depression sind einander entgegengesetzt. Der Eros reißt das Subjekt aus sich heraus auf den Anderen hin. Die Depression stürzt es dagegen in sich selbst. Das narzisstische Leistungssubjekt von heute ist vor allem auf den Erfolg aus. Erfolge bringen eine Bestätigung des Einen durch den Anderen mit sich. Dabei degradiert der Andere, seiner Andersheit beraubt, zum Spiegel des Einen, der diesen in seinem Ego bestätigt. Diese Anerkennungslogik verstrickt das narzisstische Leistungssubjekt noch tiefer in sein Ego. Dadurch entwickelt sich eine *Erfolgsdepression*. Das depressive Leistungssubjekt versinkt und ertrinkt in sich selbst. Der Eros macht dagegen eine Erfahrung des *Anderen* in seiner Andersheit möglich, die den Einen aus seiner narzisstischen Hölle herausführt. Er setzt eine freiwillige *Selbstaberkennung*, eine freiwillige *Selbstentleerung* in Gang. Ein besonderes *Schwach-Werden* erfasst das Subjekt der Liebe, das jedoch gleichzeitig von einem Gefühl der Stärke begleitet wird. Dieses Gefühl ist allerdings nicht die *Eigenleistung* des Einen, sondern die *Gabe des Anderen*.

In der Hölle des Gleichen kann die Ankunft des atopischen Anderen eine apokalyptische Form annehmen. Anders formuliert: Heute kann allein eine Apokalypse uns aus der Hölle des Gleichen zum Anderen hin befreien, ja erlösen. So beginnt Lars von Triers Film *Melancholia* mit der Ankündigung eines apokalyptischen, desaströsen Ereignisses. Desaster heißt wörtlich *Unstern* (lat. *des-astrum*). Am nächtlichen Himmel auf dem Anwesen ihrer Schwester entdeckt Justine einen rötlich schimmernden Stern, der sich später als ein Unstern erweist. *Melancholia* ist ein *desastrum*, mit dem das ganze Unheil seinen Lauf nimmt. Es ist aber ein *Negativ*, von dem eine heilende, läuternde Wirkung ausgeht. *Melancholia* ist insofern ein paradoxer Name, als der Planet gerade eine Heilung von der Depression als einer besonderen Form der Melancholie herbeiführt. Er manifestiert sich als der atopische Andere, der Justine aus dem narzisstischen Sumpf herausreißt. So blüht sie angesichts des todbringenden Planeten förmlich auf.

Der Eros besiegt die Depression. Das Spannungsverhältnis von Liebe und Depression beherrscht von Anfang an den filmischen Diskurs von *Melancholia*. Das Präludium von *Tristan und Isolde*, das den Film musikalisch umrahmt, beschwört die Kraft der Liebe. Die Depression stellt sich als Unmöglichkeit der Liebe dar. Oder die unmögliche Liebe führt zur Depression. Erst der Planet »Melancholia« als atopischer Anderer, der in die Hölle des Gleichen einbricht, entfacht bei Justine ein erotisches Begehren. In der Nacktszene auf dem Flussfelsen sieht man den von Wollust durchströmten Körper einer Liebenden. Erwartungsvoll räkelt sich Justine im blauen Licht des todbringenden Planets. Diese Szene erweckt den Eindruck, als sehnte Justine den tödlichen Zusammenstoß mit dem atopischen Himmelskörper geradezu herbei. Die nahende Katastrophe erwartet sie wie eine beglückende Vereinigung mit dem Geliebten. Unweigerlich denkt man hier an Isoldes Liebestod. Beim nahenden Tod gibt sich auch Isolde »des Welt-Atems wehendem All« lustvoll hin. Es ist kein Zufall, dass gerade in dieser einzigen erotischen Szene des Films wieder das Präludium von *Tristan und Isolde* erklingt. Magisch beschwört es die Nachbarschaft von Eros und Tod, von Apokalypse und Erlösung. Paradoxerweise belebt Justine der nahende Tod. Er öffnet sie für den Anderen. Befreit aus ihrer narzisstischen Gefangenschaft, wendet sich Justine auch fürsorglich Claire und ihrem Sohn zu. Die wirkliche Magie des Films ist Justines wundersame Verwandlung von einer Depressiven zur Liebenden. Die Atopie des Anderen erweist sich als Utopie des Eros.

Lars von Trier setzt gezielt bekannte klassische Gemälde ein, um den Film diskursiv zu steuern und ihn mit einer besonderen Semantik zu unterlegen. So blendet er in dem surrealistischen Vorspann das Bild von Pieter Bruegel *Die Jäger im Schnee* ein, das den Betrachter in eine tiefe winterliche Melancholie versetzt. Die Landschaft grenzt im Bildhintergrund ans Wasser wie das Anwesen von Claire, das vor Bruegels Bild eingeblendet wird. Beide Szenen weisen eine ähnliche Topologie auf, sodass die winterliche Melancholie von *Die Jäger im Schnee* auf das Anwesen von Claire übergreift. Die dunkel gekleideten Jäger kehren tief gebeugt heim. Die schwarzen Vögel in den Bäumen lassen die Winterlandschaft noch düsterer erscheinen. Das Schild des Wirtshauses »Zum Hirschen« mit dem Bild eines Heiligen hängt schief und fällt fast herunter. Gottverlassen wirkt diese winterlich-melancholische Welt. Lars von Trier lässt dann schwarze Brocken langsam vom Himmel fallen, die das Bild wie ein Feuerbrand auffressen. Auf diese melancholische Winterlandschaft folgt eine gemäldeartig wirkende Szene, in der Justine ganz der *Ophelia* von John Everett Millais nachgebildet ist. Mit einem Blumenkranz in der Hand treibt sie wie die schöne Ophelia auf dem Wasser.

Nach einem Streit mit Claire gerät Justine wieder in Verzweiflung und lässt den Blick hilflos über die abstrakten Bilder von Malewitsch gleiten. Dann reißt sie die aufgeschlagenen Bücher in einem Anfall aus dem Regal heraus und ersetzt es demonstrativ durch andere Bilder, die allesamt auf abgründige menschliche Leidenschaften hindeuten. Gerade in diesem Moment erklingt wieder das Präludium von *Tristan und Isolde*. Es geht also wieder um Liebe, Begehren und Tod. Zunächst schlägt Justine Bruegels *Jäger im Schnee* auf. Dann greift sie hastig zu Millais mit seiner *Ophelia*, gefolgt von Caravaggios *David mit dem Haupt Goliaths*, Bruegels *Schlaraffenland* und zuletzt einer Zeichnung von Carl Fredrik Hill, die einen einsamen röhrenden Hirsch darstellt.

Die auf dem Wasser treibende schöne Ophelia mit ihrem halb geöffneten Mund und dem sich ins Offene verlierenden Blick, der dem einer Heiligen oder einer Liebenden gleicht, verweist wieder auf die Nachbarschaft von Eros und Tod. Singend, sirenengleich, so heißt es bei Shakespeare, stirbt Ophelia, die Geliebte von Hamlet, umgeben von gefallenen Blumen. Sie stirbt einen schönen Tod, einen Liebestod. Auf Millais' *Ophelia* ist eine Blume zu erkennen, die bei Shakespeare nicht genannt ist, nämlich ein roter Mohn, der auf Eros, Traum und Rausch hinweist. Auch Caravaggios *David mit dem Haupt Goliaths* ist ein Bild des Begehrens und des Todes. Bruegels *Schlaraffenland* dagegen zeigt eine übersättigte Gesellschaft der Positivität, eine Hölle des Gleichen. Die Menschen liegen mit ihren prallen Körpern apathisch herum, erschöpft von der Sattheit. Selbst der Kaktus hat hier keine Stachel. Er ist aus Brot. Alles ist hier insofern positiv, als es essbar und genießbar ist. Diese übersättigte Gesellschaft ähnelt der morbiden Hochzeitsgesellschaft von *Melancholia*. Interessanterweise stellt Justine Bruegels *Schlaraffenland* unmittelbar neben eine Illustration von William Blake, die einen lebendig an der Rippe aufgehängten Sklaven darstellt. Die unsichtbare Gewalt der Positivität kontrastiert hier mit der brutalen Gewalt der Negativität, die ausbeutet und beraubt. Justine verlässt die Bibliothek, unmittelbar nachdem sie die Zeichnung eines *röhrenden Hirschs* von Carl Fredrick Hill auf das Regal aufgespannt hat. Die Zeichnung bringt wieder das erotische Begehren oder die Sehnsucht nach einer Liebe zum Ausdruck, die Justine innerlich spürt. Auch hier stellt sich ihre Depression als Unmöglichkeit der Liebe dar. Offensichtlich wusste Lars von Trier, dass Carl Fredrik Hill zeitlebens unter starker Psychose und Depression litt. Diese Bilderfolge veranschaulicht den ganzen filmischen Diskurs. Der Eros, das erotische Begehren besiegt die Depression. Er führt von der Hölle des Gleichen zur Atopie, ja Utopie des ganz Anderen.

Der apokalyptische Himmel von *Melancholia* ähnelt jenem leeren Himmel, der für Blanchot die Urszene seiner Kindheit darstellt. Er offenbart ihm die Atopie des ganz Anderen, indem er das Gleiche plötzlich unterbricht: »Ich war ein Kind, sieben oder acht Jahre alt, ich befand mich in einem freistehenden Haus, in der Nähe des geschlossenen Fensters, ich blickte nach draußen – und auf einmal, nichts könnte plötzlicher sein, war es, als ob der Himmel sich öffnete, sich dem Unendlichen unendlich öffnen würde, um mich durch diesen überwältigenden Moment der Öffnung einzuladen, das Unendliche, aber das unendlich leere Unendliche anzuerkennen. Das Ergebnis war befremdlich. Die plötzliche und absolute Leere des Himmels, nicht sichtbar, nicht dunkel – Leere von Gott: Das war explizit, und es überstieg darin den bloßen Verweis aufs Göttliche bei weitem –, überraschte das Kind mit einem solchen Entzücken, und einer solchen Freude, dass es für einen Moment mit Tränen erfüllt war, und – ich füge um die Wahrheit besorgt hinzu – ich glaube, es waren seine letzten Tränen.«[2] Das Kind ist hingerissen von der Unendlichkeit des leeren Himmels. Es wird aus sich herausgerissen und in ein atopisches *Außen* entinnerlicht, entgrenzt und entleert.

Dieses desaströse Ereignis, dieser Einbruch des *Außen*, des *ganz Anderen* vollzieht sich als ein *Ent-Eignis*, als eine Aufhebung und Entleerung des Eigenen, nämlich als Tod: »Leere des Himmels, aufgeschobener Tod: Desaster«[3]. Aber dieses Desaster erfüllt das Kind mit einer »verheerenden Freude«, ja mit dem *Glück des Abwesens*. Darin besteht die *Dialektik des Desasters*, die auch den Film *Melancholia* strukturiert. Das desaströse Unheil schlägt unerwartet ins Heil um.

NICHT-KÖNNEN-KÖNNEN

Die Leistungsgesellschaft ist ganz von dem Modalverb *Können* beherrscht im Gegensatz zur Disziplinargesellschaft, die Verbote ausspricht und sich des *Sollen* bedient. Ab einem bestimmten Punkt der Produktivität stößt das *Sollen* schnell an seine Grenze. Zur Steigerung der Produktivität wird es durch das *Können* ersetzt. Der Ruf nach Motivation, Initiative und Projekt ist wirksamer für die Ausbeutung als Peitsche und Befehle. Als Unternehmer seiner selbst ist das Leistungssubjekt zwar insofern frei, als es keinem gebietenden und ausbeutenden Anderen unterworfen ist, aber wirklich frei ist es nicht, denn es beutet nun sich selbst aus, und zwar aus freien Stücken. Der Ausbeutende ist der Ausgebeutete. Man ist Täter und Opfer zugleich. Die Selbstausbeutung ist viel effizienter als die Fremdausbeutung, weil sie mit dem Gefühl der Freiheit einhergeht. Möglich wird dadurch die Ausbeutung auch ohne Herrschaft.

Foucault weist zwar darauf hin, dass der neoliberale *Homo oeconomicus* nicht die Disziplinargesellschaft bewohnt, dass er als Unternehmer seiner selbst kein Gehorsamssubjekt mehr ist,[4] aber ihm bleibt verborgen, dass dieser Unternehmer seiner selbst in Wirklichkeit nicht frei ist, dass er sich in Freiheit nur wähnt, während er sich selbst ausbeutet. Foucault verhält sich gegenüber dem Neoliberalismus affirmativ. Kritiklos nimmt er an, dass das neoliberale Regime als »System des minimalen Staats«[5], als »Manager der Freiheit«[6] die bürgerliche Freiheit ermögliche. Ihm entgeht völlig die Gewalt- und Zwangsstruktur des neoliberalen Diktums der Freiheit. So interpretiert er es als Freiheit zur Freiheit: »Ich werde dir die Möglichkeit zur Freiheit bereitstellen. Ich werde es so einrichten, dass du frei bist, frei zu sein.«[7] Das neoliberale Diktum der Freiheit äußert sich in Wirklichkeit als paradoxer Imperativ *Sei frei*. Es stürzt das Leistungssubjekt in die Depression und Erschöpfung. Foucaults »Ethik des Selbst« opponiert zwar gegen die repressive politische Macht, ja gegen die Fremdausbeutung, aber sie ist blind gegenüber jener Gewalt der Freiheit, die der Selbstausbeutung zugrundeliegt.

Du kannst erzeugt massiv Zwänge, an denen

das Leistungssubjekt regelrecht zerbricht. Der selbstgenerierte Zwang erscheint ihm als Freiheit, sodass er nicht als solcher erkannt wird. *Du kannst* übt sogar mehr Zwang aus als *Du sollst.* Der Selbstzwang ist fataler als der Fremdzwang, weil kein Widerstand gegen sich selbst möglich ist. Das neoliberale Regime verbirgt seine Zwangsstruktur hinter der scheinbaren Freiheit des einzelnen Individuums, das sich nicht mehr als unterworfenes Subjekt (*subject to*), sondern als entwerfendes Projekt begreift. Darin besteht seine List. Wer scheitert, ist außerdem selbst schuld und trägt diese Schuld fortan mit sich herum. Es gibt niemand, der für sein Scheitern verantwortlich zu machen wäre. Es gibt auch keine Möglichkeit der Entschuldung und Entsühnung mehr. Dadurch entsteht nicht nur die Schulden-, sondern auch die Gratifikationskrise.

Sowohl die Entschuldung als auch die Gratifikation setzen die Instanz des Anderen voraus. Die fehlende Bindung an den Anderen ist die transzendentale Bedingung der Möglichkeit für die Gratifikations- und Schuldenkrise. Diese Krisen machen deutlich, dass der Kapitalismus entgegen der weit verbreiteten Annahme (z.B. Walter Benjamins) keine Religion ist, denn jede Religion operiert mit Schuld *und* Entschuldung. Der Kapitalismus ist *nur verschuldend.* Er verfügt über keine Möglichkeit der Sühne, die den Schuldigen von seiner Schuld befreien würde. Die Unmöglichkeit der Entschuldung und Entsühnung ist auch verantwortlich für die Depression des Leistungssubjekts. Die Depression stellt zusammen mit dem Burnout ein *unrettbares* Scheitern am Können, d.h. eine *psychische Insolvenz* dar. Insolvenz bedeutet wörtlich die Unmöglichkeit, die Schuld abzutragen (*solvere*).

Der Eros ist gerade ein Verhältnis zum Anderen, das jenseits der Leistung und des Könnens angesiedelt ist. Das *Nicht-Können-Können* ist sein negatives Modalverb. Die Negativität der Andersheit, nämlich die Atopie des Anderen, die sich jedem Können entzieht, ist konstitutiv für die erotische Erfahrung: »[D]ie Andersheit ist es, die der Andere als Wesensbestimmung trägt. Und das ist der Grund, weshalb wir diese Andersheit im absolut ursprünglichen Verhältnis des Eros gesucht haben, in einem Verhältnis, das unmöglich in Können übersetzt werden kann.«[8] Die Verabsolutierung des Könnens vernichtet gerade den Anderen. Die gelingende Beziehung zum Anderen äußert sich als eine Art *Scheitern.* Allein durch das *Nicht-Können-Können* hindurch erscheint der Andere: »Kann man dieses Verhältnis des Eros zum Anderen als ein Misslingen charakterisieren? Noch einmal: ja, wenn man sich die Terminologie der geläufigen Beschreibungen zueigen macht, wenn man das Erotische durch das ›Ergreifen‹, durch das ›Besitzen‹ oder durch das ›Erkennen‹ charakterisieren will. Im Eros gibt es nichts von all dem oder das Misslingen von all dem. Wenn man den Anderen besitzen, ergreifen und erkennen könnte, wäre er nicht der Andere. Besitzen, Erkennen, Ergreifen sind Synonyme des Könnens.«[9]

Die Liebe positivisiert sich heute zur Sexualität, die ebenfalls dem Leistungsdiktat unterworfen ist. Sex ist Leistung. Und Sexyness ist Kapital, das es zu vermehren gilt. Der Körper mit seinem Ausstellungswert gleicht einer Ware. Der Andere wird zum Erregungsobjekt sexualisiert. Man kann den Anderen, dem die Andersheit genommen worden ist, nicht lieben, sondern nur konsumieren. Er ist insofern auch keine *Person* mehr, als er zu sexuellen Teilobjekten fragmentarisiert wird. Es gibt keine sexuelle Persönlichkeit.

Wird der Andere als Sexualobjekt wahrgenommen, erodiert jene »Urdistanz«, die für Buber als »Prinzip des Menschseins« fungiert und die transzendentale Bedingung der Möglichkeit der *Alterität* bildet.[10] Die »Urdistanzierung« verhindert, dass der Andere zu einem Objekt, zu einem »Es« verdinglicht wird. Der Andere als Sexualobjekt ist kein »Du« mehr. Zu ihm ist keine Beziehung möglich. Die »Urdistanz« bringt den transzendentalen *Anstand* hervor, der den Anderen in seine Andersheit befreit, ja *distanziert*. Sie macht gerade die *Anrede* im emphatischen Sinne möglich. Man kann ein Sexualobjekt wohl *anrufen*, aber nicht *anreden*. Es hat auch kein »Antlitz«, das die Alterität, die distanzgebietende Andersheit des Anderen ausmacht. Heute geht zunehmend der Anstand, die Anständigkeit, ja die *Abständigkeit* verloren, nämlich die Fähigkeit, den Anderen auf seine Andersheit hin zu erfahren.

Vermittels digitaler Medien versuchen wir heute, den Anderen so nahe wie möglich heranzuholen, die Distanz zu ihm zu vernichten, um die Nähe herzustellen. Wir haben aber dadurch nicht mehr am Anderen, sondern wir bringen ihn vielmehr zum Verschwinden. Die Nähe ist insofern eine Negativität, als ihr eine Ferne eingeschrieben ist. Derzeit findet dagegen eine totale Abschaffung der Ferne statt. Aber sie erzeugt nicht Nähe, sondern schafft sie gerade ab. Statt Nähe entsteht eine Abstandslosigkeit. Die Nähe ist eine Negativität. Daher besitzt sie eine *Spannung*. Die Abstandslosigkeit ist dagegen eine Positivität. Die Kraft der Negativität besteht darin, dass die Dinge gerade von ihrem Gegenteil belebt werden. Einer bloßen Positivität fehlt diese belebende Kraft.

Die Liebe wird heute zu einer Genussformel positivisiert. Sie hat vor allem angenehme Gefühle zu erzeugen. Sie ist keine Handlung, keine Narration, kein Drama mehr, sondern eine folgenlose Emotion und Erregung. Sie ist frei von der Negativität der Verletzung, des Überfalls oder des Absturzes. Verfallen (in Liebe) wäre schon zu negativ. Gerade diese Negativität macht aber die Liebe aus: »Die Liebe ist nicht eine Möglichkeit, sie verdankt sich nicht unserer Initiative, sie ist ohne Grund, sie überfällt uns und verwundet uns.«[11] Die vom Können beherrschte Leistungsgesellschaft, in der alles *möglich*, alles Initiative und Projekt ist, hat keinen Zugang zur Liebe als Verletzung und Passion.

Das Leistungsprinzip, das heute alle Lebensbereiche beherrscht, erfasst auch Liebe und Sexualität. So wundert sich die Protagonistin des Bestsellerromans *Shades of Grey* darüber, dass ihr Partner sich die Beziehung wie ein

»Jobangebot mit festen Arbeitszeiten, einer klar umrissenen Aufgabenstellung und reichlich drastischen Methoden zur Sicherung der Leistungsqualität« vorstelle.[12] Das Leistungsprinzip verträgt sich nicht mit der Negativität des Exzesses und der Überschreitung. Zu den »Vereinbarungen«, zu denen sich das Unterwerfungssubjekt »Sub« verpflichtet, gehören daher: Reichlich Sport, gesundes Essen und genügend Schlaf. Es ist sogar verboten, zwischen Mahlzeiten etwas anderes als Obst zu sich zu nehmen. Die »Sub« hat auch übermäßigen Alkoholkonsum zu unterlassen und darf weder rauchen noch Drogen nehmen. Selbst die Sexualität muss sich dem Gebot der Gesundheit unterwerfen. Jede Form der Negativität ist untersagt. Zur Liste der verbotenen Handlungen gehört auch der Gebrauch von Exkrementen. Auch die Negativität des symbolischen oder realen Schmutzes wird beseitigt. So verpflichtet sich die Protagonistin, »zu allen Zeiten sauber und rasiert und/oder gewaxt« zu sein.[13] Die im Roman beschriebenen SM-Praktiken bedeuten nicht mehr als Abwechslungen in der Sexualität. Ihnen fehlt jede Negativität der Überschreitung oder Übertretung, die noch Batailles *Erotik der Transgression* auszeichnet. So dürfen sie die im Voraus vereinbarten

»Hard Limits« nicht überschreiten. Und die sogenannten »Safewords« sollen darüber hinaus garantieren, dass sie keine exzessive Form annehmen. Gerade der übermäßige Gebrauch des Adjektivs »köstlich« verweist auf das Diktat der Positivität, das alles in eine Genuss- und Konsumformel verwandelt. So ist in *Shades of Grey* sogar von einer »köstlichen Folter« die Rede. In dieser Welt der Positivität sind nur Dinge zugelassen, die konsumierbar sind. Selbst der Schmerz soll genießbar sein. Dort ist die Negativität, die bei Hegel sich als *Schmerz* manifestiert, nicht mehr existent.

Die verfügbare Gegenwart ist die Zeitlichkeit des *Gleichen*. Die Zukunft öffnet sich dagegen auf das Ereignis hin, das absolut überraschend ist. Das Verhältnis zur Zukunft ist das zum atopischen *Anderen*, das sich nicht in die Sprache des Gleichen einholen lässt. Heute legt die Zukunft die Negativität des Anderen ab und positivisiert sich zur *optimierten Gegenwart*, die jedes Desaster ausschließt. Und die Musealisierung des Gewesenen vernichtet die Vergangenheit. Als *wiederholbare Gegenwart* entledigt sie sich der Negativität des Unwiederbringlichen. Das Gedächtnis ist kein Organ bloßer Wiederherstellung, mit dem man sich das Gewesene vergegenwärtigt. Im

Gedächtnis verändert sich das Gewesene ständig. Es ist ein fortschreitender, lebendiger, narrativer Prozess.[14] Darin unterscheidet es sich vom Datenspeicher. In diesem technischen Medium wird dem Gewesenen jede Lebendigkeit genommen. Es ist *ohne Zeit*. So herrscht heute eine totale Gegenwart. Sie schafft gerade den Augenblick ab. Die augenblicklose Zeit ist bloß additiv und nicht mehr situativ. Als Zeitlichkeit des Klicks ist sie ohne Entscheidung und Entschlossenheit. Der Augenblick weicht dem Klick.

Das erotische Begehren ist gebunden an eine besondere Abwesenheit des Anderen, nicht Abwesenheit des Nichts, sondern »Abwesenheit in einem Horizont der Zukunft«. Die Zukunft ist die *Zeit des Anderen*. Die Totalisierung der Gegenwart als *Zeit des Gleichen* bringt jene Abwesenheit zum Verschwinden, die den Anderen der Verfügbarkeit entzieht. Lévinas deutet sowohl die Liebkosung als auch die Wollust als Figur des erotischen Begehrens. Die Negativität der Abwesenheit ist wesentlich für beide. Die Liebkosung ist ein »Spiel mit etwas, das sich entzieht«[15]. Sie ist auf der Suche nach dem, was ohne Unterlass auf die Zukunft hin entschwindet. Ihr Begehren ist genährt von dem, was noch nicht ist. Die Abwesenheit des Anderen inmitten der Gemeinschaft des Empfindens macht auch die Schärfe und Intensität der Wollust aus. Die Liebe, die heute nicht mehr bedeutet als Bedürfnis, Befriedigung und Genuss, verträgt sich nicht mit dem Entzug und Verzug des Anderen. Die Gesellschaft als *Such- und Konsummaschine* schafft jenes Begehren ab, das dem Abwesenden gilt, das nicht gefunden, ergriffen und konsumiert werden kann. Der Eros erwacht aber angesichts des »Antlitzes«, »das zugleich den Anderen gibt und entzieht«.[16] Das »Antlitz« ist dem geheimnislosen *face* diametral entgegengesetzt, das sich in einer pornographischen Nacktheit als Ware ausstellt und sich totaler Sichtbarkeit und Konsumtion ausliefert.

Lévinas' Ethik des Eros erblickt zwar jene Abgründe der Erotik nicht, die sich als Exzess und Wahnsinn äußert, aber sie macht eindringlich auf die Negativität des Anderen, auf die unverfügbare, atopische Andersheit aufmerksam, die in einer immer narzisstischer werdenden Gesellschaft von heute im Verschwinden begriffen ist. Lévinas' Ethik des Eros lässt sich ferner zu einem Widerstand gegen die ökonomische Verdinglichung des Anderen reformulieren. Die Andersheit ist keine konsumierbare Differenz. Der Kapitalismus eliminiert überall die Andersheit, um alles der Konsumtion zu unterwerfen. Der Eros ist außerdem ein *asymmetrisches* Verhältnis zum Anderen. So unterbricht er das Tauschverhältnis. Über die Andersheit lässt sich nicht Buch führen. Sie taucht nicht in der Bilanz von Soll und Haben auf.

DAS BLOSSE LEBEN

Der Eber, der den schönen Jüngling Adonis mit seinen Stoßzähnen getötet hat, verkörpert eine Erotik, die sich als Wahnsinn und Exzess äußert. Nach dem Tod von Adonis soll der Eber gesagt haben: Mit seinen »erotisierten Zähnen« (*erotikous odontas*) habe er Adonis keineswegs verletzen, sondern nur liebkosen wollen. In seinem Buch zu Platons *Gastmahl* beschreibt Marsilio Ficino das erotisierte Auge (*erotikon omma*)[17] der Liebenden, das wie jene erotisierten Zähne von einer tödlichen Leidenschaft beherrscht ist: »Denn deine Augen dringen durch die meinen und erregen einen heißen Brand in meinem Marke. Habe darum Erbarmen mit dem, der um deinetwillen vergeht.«[18] Das Blut dient hier als Medium erotischer Kommunikation. Zwischen den erotisierten Augen des Liebenden und des Geliebten findet eine Art Bluttransfusion statt: »Stellt euch Phaidro aus Myrrhinus vor und den Redner Lysias aus Theben, welcher in jenen verliebt ist! Lysias starrt wie ein Maulaffe mit offenem Munde das Antlitz des Phaidros an. Dieser richtet scharf nach den Augen des Lysias die Funkenstrahlen seiner Augen und entsendet zugleich mit ihnen gegen Lysias den Lebensgeist. Bei dieser gegenseitigen Begegnung der Augen vereinigt sich unschwer der Strahl des Phaidros mit dem des Lysias, und ebenso verbindet sich der Lebensgeist des einen mit dem Lebensgeiste des anderen. Der Dunst des Lebensgeistes, welcher von dem Herzen des Phaidros erzeugt wird, strebt sogleich eilends nach dem Herzen des Lysias, verdichtet sich durch die feste Substanz von dessen Herzen und wird wieder zu Blut, und zwar zu dem, was es ursprünglich war, nämlich dem Blute des Phaidros. Ein stauenswerter Vorgang! Das Blut des Phaidros befindet sich im Herzen des Lysias!«[19] Die erotische Kommunikation der Antike ist alles andere als behaglich. Die Liebe ist, so Ficino, die »schlimmste aller Seuchen«. Sie ist eine »Verwandlung«. Sie »entäußert den Menschen seiner eigenen Natur und bringt ihm die fremde bei«.[20] Diese Verwandlung und Verletzung macht ihre Negativität aus. Sie geht heute durch die zunehmende Positivisierung und Domestizierung der Liebe ganz verloren. Man bleibt sich gleich und sucht im Anderen nur noch die Bestätigung seiner selbst.

Eva Illouz stellt in ihrer Studie »Konsum der Romantik« fest, dass die Liebe heute »feminisiert« werde. Die Adjektive wie »nett«, »intim«, »ruhig«, »bequem«, »süß« oder »sanft«, mit denen die romantischen Liebesszenen beschrieben würden, seien durchweg »weiblich«. Es herrsche ein Bild der Romantik, das Männer wie Frauen in die weibliche Gefühlssphäre versetze.[21] Entgegen ihrer Diagnose wird die Liebe heute nicht einfach »feminisiert«. Vielmehr wird sie im Zuge einer Positivisierung aller Lebensbereiche zu einer Konsumformel *domestiziert*, die ohne Risiko und Wagnis, ohne Exzess und Wahnsinn ist. Jede Negativität, jedes Negativgefühl wird vermieden. Leiden und Leidenschaft weichen angenehmen Gefühlen und folgenlosen Erregungen. Im Zeitalter von Quickie, Gelegenheits- und Entspannungssex verliert auch die Sexualität jede Negativität. Die gänzliche Abwesenheit der Negativität lässt die Liebe heute zu einem Gegenstand des Konsums und des hedonistischen Kalküls verkümmern. Das Begehren des Anderen weicht dem Komfort des Gleichen. Gesucht wird die behagliche, letzten Endes behäbige Immanenz des Gleichen. Der Liebe von heute fehlt jede Transzendenz und Transgression.

Hegels Dialektik von Herr und Knecht beschreibt einen Kampf auf Leben und Tod. Derjenige, der sich später als Herr erweist, fürchtet den Tod nicht. Sein Begehren nach Freiheit, Anerkennung und Souveränität erhebt ihn über die Sorge um das *bloße Leben*. Es ist die Furcht vor dem Tod, die den künftigen Knecht dazu bringt, sich dem Anderen zu unterwerfen. Er zieht die Knechtschaft dem drohenden Tod vor. Er klammert sich an das *bloße Leben*. Nicht die physische Überlegenheit einer Partei bestimmt den Ausgang des Kampfes. Entscheidend ist vielmehr die »Fähigkeit des Todes«.[22] Wer die Freiheit zum Tod nicht hat, wagt sein Leben nicht. Statt »mit sich selbst bis auf den Tod zu gehen«, bleibt er »an sich selbst innerhalb des Todes stehen«.[23] Er wagt sich nicht zum Tod. So wird er *Knecht* und *arbeitet*.

Arbeit und bloßes Leben hängen eng zusammen. Sie sind Reaktionen auf die Negativität des Todes. Die Verteidigung des bloßen Lebens verschärft sich heute zur Verabsolutierung und Fetischisierung der Gesundheit. Der moderne Knecht zieht sie der Souveränität und Freiheit vor. Er ähnelt jenem »letzten Menschen« von Nietzsche, für den die Gesundheit als solche einen absoluten Wert darstellt. Sie wird zur »grossen Göttin« erhoben: »[M]an ehrt die Gesundheit. ›Wir haben das Glück erfunden‹ – sagen die letzten Menschen und blinzeln«.[24] Wo das bloße Leben geheiligt wird, weicht die Theologie der Therapie. Oder die Therapie wird theologisch. Der Tod hat keinen Platz mehr im Leistungskatalog des bloßen Lebens. Solange man aber Knecht bleibt und sich ans bloße Leben klammert, ist man weiterhin dem Herrn unterworfen: »Aber dem Kämpfenden gleich verhasst wie dem Sieger ist euer grinsender Tod, der heranschleicht wie ein Dieb – und doch als Herr kommt.«

Der Eros als Exzess und Überschreitung verneint sowohl die Arbeit als auch das bloße Leben. Daher ist der Knecht, der am bloßen Leben festhält und arbeitet, nicht zur erotischen Erfahrung, zum erotischen Begehren fähig. Das heutige Leistungssubjekt gleicht dem Hegelschen Knecht bis auf den Umstand, dass es nicht für den Herrn arbeitet, sondern sich selbst freiwillig ausbeutet. Als Unternehmer seiner selbst ist es Herr und Knecht zugleich. Es handelt sich um eine verhängnisvolle Einheit, die Hegel in seiner Dialektik von Herr und Knecht nicht bedacht hat. Das Subjekt der Selbstausbeutung ist genauso unfrei wie das Subjekt der Fremdausbeutung. Wenn wir die Dialektik von Herr und Knecht als Geschichte der Freiheit begreifen, kann vom ›Ende der Geschichte‹ nicht die Rede sein, denn wir sind noch weit davon entfernt, wirklich *frei* zu sein. Wir befänden uns heute im geschichtlichen Stadium, in dem Knecht und Herr eine Einheit bildeten. Wir wären Knechtsherren oder Herrenknechte und keine freien Menschen, die erst am Ende der Geschichte Wirklichkeit würden. Die Geschichte, als Geschichte der Freiheit begriffen, wäre somit nicht zu Ende. Sie wäre erst dann zu Ende, wenn wir tatsächlich frei wären, wenn wir weder Herr noch Knecht, weder Herrenknechte noch Knechtsherren wären.

Der Kapitalismus verabsolutiert das bloße Leben. Das *gute* Leben ist nicht sein Telos. Sein Akkumulations- und Wachstumszwang wendet sich gerade gegen den Tod, der ihm als absoluter Verlust erscheint. Für Aristoteles ist der reine Kapitalerwerb deshalb verwerflich, weil er sich nicht um das *gute* Leben, sondern nur um das *bloße* Leben kümmert: »Demnach scheint gewissen Leuten dies die Aufgabe der Hausverwaltung zu sein, und sie verfechten fortgesetzt die Ansicht, man müsse entweder das Geldvermögen hüten oder es ins Unbegrenzte vermehren. Grund für diese Gesinnung ist die emsige Bemühung um das Leben, doch nicht um das gute Leben.«[25] Der Kapital- und Produktionsprozess beschleunigt sich dadurch ins Unendliche, dass er sich der Teleologie des guten Lebens entledigt. Die Bewegung beschleunigt sich ins Extreme, indem sie sich ihrer Richtung entledigt. Der Kapitalismus wird dadurch *obszön*.

Wie kein anderer Denker ist Hegel empfänglich für den Anderen. Diese Sensibilität lässt sich nicht als Idiosynkrasie abtun. Man sollte Hegel anders lesen als es etwa Derrida, Deleuze oder auch Bataille gelehrt haben. Nach deren Lesart weist das »Absolute« auf die Gewalt und Totalität hin. Für Hegel aber bedeutet es vor allem die Liebe: »In der Liebe nämlich sind nach Seiten des *Inhalts* die Momente vorhanden, welche wir als Grundbegriff des absoluten Geistes angaben: die versöhnte Rückkehr aus seinem anderen zu sich selbst.«[26] Absolut heißt nicht-beschränkt. Es ist gerade der beschränkte Geist, der sich selbst unmittelbar will und sich vom Anderen abwendet. Absolut ist dagegen der Geist, der die Negativität des Anderen anerkennt. Das »Leben des Geistes« ist, so Hegel, nicht das bloße Leben, »das sich vor dem Tode scheut und von der Verwüstung rein bewährt«, sondern das Leben, »das ihn erträgt und in ihm sich erhält«. Der Geist verdankt seine Lebendigkeit gerade der Fähigkeit zum Tod. Das Absolute ist nicht das »Positive, welches von dem Negativen wegsieht«. Der Geist schaut vielmehr »dem Negativen ins Angesicht« und »verweilt« bei ihm.[27] Er ist absolut, weil er sich ins Extreme, in die äußerste Negativität hinauswagt und sie in sich einschließt, präziser ausgedrückt, *in sich schließt*. Wo das rein Positive, das Übermaß an Positivität herrscht, dort ist kein Geist.

Die »Definition des Absoluten« ist, so Hegel, »dass es der Schluss ist«.[28] Der Schluss ist hier keine formallogische Kategorie. Das Leben selbst ist, so würde Hegel sagen, ein Schluss. Der Schluss wäre eine Gewalt, ein gewaltsamer Ausschluss des Anderen, wenn er kein absoluter, sondern ein beschränkter Schluss, ja ein Kurzschluss wäre. Der absolute Schluss ist ein langer, langsamer Schluss, dem ein Verweilen im Anderen vorausgeht. Die Dialektik selbst ist eine Bewegung des Schließens, des Öffnens und des Wiederschließens. Der Geist würde an *Wunden* verbluten, die die Negativität des Anderen ihm schlüge, wenn er zu keinem Schluss fähig wäre. Nicht jeder Schluss ist Gewalt. Man *schließt* Frieden. Man *schließt* Freundschaft. Die Freundschaft ist ein Schluss. Die Liebe ist ein absoluter Schluss. Sie ist absolut, weil sie den Tod, die Preisgabe des Selbst voraussetzt. Das »wahrhafte Wesen der Liebe« besteht eben darin, »das Bewusstsein seiner selbst aufzugeben, sich in einem anderen Selbst zu vergessen«.[29] Das Bewusstsein des Hegelschen Knechts ist beschränkt, es ist nicht fähig zum absoluten Schluss, weil er das Bewusstsein seiner selbst nicht aufzugeben vermag, d. h. nicht zu *sterben* vermag. Die Liebe als absoluter Schluss geht durch den Tod. Man stirbt zwar im Anderen, aber auf diesen Tod folgt eine Rückkehr zu sich. Die versöhnte Rückkehr zu sich aus dem Anderen ist aber alles andere als eine gewaltsame Aneignung des Anderen, die man fälschlicherweise zur Hauptfigur des Hegelschen Denkens erhoben hat. Sie ist vielmehr die *Gabe des Anderen*, der die Preisgabe, die Aufgabe meiner selbst vorausgeht.

Das depressiv-narzisstische Subjekt ist zu keinem Schluss fähig. Ohne Schluss aber verfließt und verschwimmt alles. So hat es kein stabiles Selbstbild, das ebenfalls eine Schlussform ist. Nicht zufällig gehört die Unentschlossenheit, die Unfähigkeit zum Ent-Schluss zur Symptomatik der Depression. Die Depression ist charakteristisch für eine Zeit, in der man im *Exzess des Öffnens und des Entgrenzens* die Fähigkeit verloren hat, zu schließen und abzuschließen. Man verlernt das Sterben, weil man das Leben nicht *abzuschließen* vermag. Auch das Leistungssubjekt ist unfähig zum Schluss, zum Abschluss. Es zerbricht unter dem Zwang, immer mehr Leistungen hervorbringen zu müssen.

Liebe heißt auch für Marsilio Ficino *Sterben im Anderen*: »Indem ich dich liebe, der du mich liebst, finde ich mich in dir, der du an mich denkst, wieder und gewinne mich, nachdem ich mich selbst aufgab, in dir, der du mich erhältst, zurück.«[30] Wenn Ficino schreibt, dass der Liebende sich in einem anderen Selbst vergisst, doch in diesem Vergehen und Vergessen sich »zurückgewinnt« oder sogar »besitzt«, so ist dieser Besitz die *Gabe* des Anderen. Der Vorrang des Anderen unterscheidet die Macht des Eros von der Gewalt des Ares. Im Macht- als Herrschaftsverhältnis behaupte und setze ich mich gegen den Anderen, indem ich ihn mir unterwerfe. Die Macht des Eros impliziert dagegen eine Ohn-Macht, in der ich, statt mich zu behaupten, mich verliere im Anderen oder für den Anderen, der mich dann wieder aufrichtet: »Der Herrscher hat durch sich andere in seiner Gewalt; der Liebende gewinnt durch den anderen sich selbst wieder. Jeder der beiden Liebenden tritt aus sich heraus und geht in den anderen über; in sich selbst abgestorben, ersteht er im anderen wieder.«[31]

Bataille beginnt seine *Erotik* mit dem Satz: »Die Erotik kann man bestimmen als das Jasagen zum Leben bis in den Tod.«[32] Bejaht wird hier nicht das bloße Leben, das die Negativität des Todes flieht. Vielmehr nähert sich der Lebensimpuls, bis zum äußersten gesteigert und bejaht, dem Todesimpuls. Der Eros ist das Medium der Steigerung des Lebens bis zum Tod: »Denn obwohl die erotische Aktivität zuerst ein Überschwang des Lebens ist, ist der Gegenstand dieses psychischen Bestrebens, das, wie gesagt, unabhängig von der Sorge um die Fortpflanzung des Lebens ist, dem Tod nicht fremd.« Um diesem »Paradox«, das »so groß« ist, einen »Anschein von Begründung« zu geben, zitiert Bataille de Sade: »Es gibt kein besseres Mittel, sich mit dem Tod vertraut zu machen, als ihn mit dem Gedanken einer Ausschweifung zu verbinden.«

Die Negativität des Todes ist wesentlich für die erotische Erfahrung: »Es gibt keine Liebe, wenn sie in uns nicht *wie der Tod* ist«.[33] Der Tod gilt vor allem dem *Ich*. Die erotischen Lebensimpulse überfluten und entgrenzen seine narzisstisch-imaginäre Identität. Aufgrund ihrer Negativität äußern sie sich als Todesimpulse. Es gibt nicht nur jenen Tod, der das Ende des *bloßen Lebens* bedeutet. Sowohl die Preisgabe der imaginären Identität des Ich als auch die Aufhebung der symbolischen Ordnung, der das Ich sein gesellschaftlich-soziales Dasein verdankt, stellen den *Tod* dar, der gravierender wäre als das Ende des bloßen Lebens: »Im Übergang vom normalen Zustand zur Begierde wirkt die grundlegende Faszination des Todes. In der Erotik geht es immer um die Auflösung konstituierter Formen. Ich wiederhole es: jener Formen des sozialen, regelmäßigen Lebens, welche die diskontinuierliche Ordnung der ausgeprägten Individualitäten ausmachen, die wir sind.« Das alltägliche Leben besteht aus Diskontinuitäten. Die erotische Erfahrung eröffnet den Zugang zur »Kontinuität des Seins«, die »allein der Tod der diskontinuierlichen Wesen endgültig herstellen könnte«.[34]

In einer Gesellschaft, in der jeder ein Unternehmer seiner selbst ist, herrscht eine Ökonomie des Überlebens. Sie ist der Anökonomie des Eros und des Todes diametral entgegengesetzt. Der Neoliberalismus mit seinen enthemmten Ich- und Leistungsimpulsen ist eine gesellschaftliche Ordnung, aus der der Eros ganz verschwunden ist. Die Positivgesellschaft, aus der die Negativität des Todes gewichen ist, ist eine Gesellschaft des *bloßen Lebens*, die einzig von der Sorge beherrscht ist, »das Überleben in der Diskontinuität zu sichern«. Es ist das Leben eines Knechtes. Diese Sorge um das bloße Leben, um das Überleben nimmt dem Leben jede Lebendigkeit, die ein sehr komplexes Phänomen darstellt. Das nur Positive ist leblos. Die Negativität ist wesentlich für die Lebendigkeit: »Etwas ist also lebendig, nur insofern es den Widerspruch in sich enthält, und zwar diese Kraft ist, den Widerspruch in sich zu fassen und auszuhalten.«[35] So unterscheidet sich die Lebendigkeit von der Vitalität oder Fitness des bloßen Lebens, der jede Negativität fehlt. Der *Überlebende* gleicht dem *Untoten*, der zu tot ist, um zu *leben* und zu lebendig, um zu *sterben*.

Das Schiff des *Fliegenden Holländers*, dessen Besatzung der Sage nach aus *Untoten* besteht, lässt sich als Analogie zur heutigen Müdigkeitsgesellschaft lesen. Der Holländer, der »ohne Ziel, ohne Rast, ohne Ruh« »wie ein Pfeil fliegt«, gleicht dem erschöpften, depressiven Leistungssubjekt von heute, dessen Freiheit sich als Verdammnis erweist, sich selbst ewig ausbeuten zu müssen. Die kapitalistische Produktion ist auch ohne Ziel. Ihr geht es nicht mehr um das *gute* Leben. Der Holländer ist selbst ein Untoter, der weder zu leben noch zu sterben vermag. Er ist verdammt zur ewigen Fahrt in der Hölle des Gleichen und sehnt sich nach einer Apokalypse, die ihn aus der Hölle des Gleichen erlöst (*Tag des Gerichtes, jüngster Tag! / Wann brichst du an in meiner Nacht? / Wann dröhnt er, der Vernichtungsschlag; / Mit dem die Welt zusammenkracht? / Wann alle Todten auferstehn, / Dann werde ich in Nichts vergehn!, / Ihr Welten, endet euren Lauf!*). Die Gesellschaft blinder Produktion und Leistung (*Summ und brumm, du gutes Rädchen, / Munter, munter dreh' dich um! / Spinne, spinne tausend Fädchen, / Gutes Rädchen, summ' und brumm!*), der sich auch Senta ausgeliefert sieht, ist ohne Eros und ohne Glück. Der Eros folgt einer ganz anderen Logik. Sentas Frei- und Liebestod ist der kapitalistischen Ökonomie der Produktion und Leistung diametral entgegengesetzt. Ihre Liebeserklärung ist ein Versprechen, eine Schlussform, eine absolute, ja eine erhabene, die die bloße Addition und Akkumulation der kapitalistischen Ökonomie transzendiert. Sie bringt eine Dauer, eine Lichtung in der Zeit hervor. Die Treue ist selbst eine Schlussform, die eine Ewigkeit in die Zeit einführt. Sie ist der Einschluss der Ewigkeit in der Zeit: »Doch dass die Ewigkeit gerade in der Zeit des Lebens existieren kann, das beweist die Liebe, deren Wesen die Treue in dem Sinne ist, den ich diesem Wort gebe. Im Grunde das Glück! Ja, das Liebesglück ist der Beweis, dass die Zeit die Ewigkeit aufnehmen kann.«[36]

PORNO

Der Porno gilt dem *ausgestellten bloßen Leben*. Er ist der Gegenspieler des Eros. Er macht die Sexualität selbst zunichte. In dieser Hinsicht ist er sogar wirksamer als die Moral: »Die Sexualität verflüchtigt sich nicht in Sublimierung, Repression und Moral, sondern höchstwahrscheinlich in dem, was sexueller als das Sexuelle ist: im Porno.«[37] Der Porno bezieht seine Anziehungskraft aus der »Vorwegnahme von totem Sex in der lebendigen Sexualität«. Das Obszöne am Porno besteht nicht in einem Zuviel an Sex, sondern darin, dass er ohne Sex ist. Bedroht ist die Sexualität heute nicht durch jene »reine Vernunft«, die den Sex lustfeindlich als etwas »Schmutziges« meidet,[38] sondern durch die Pornographie. Der Porno ist nicht der Sex im virtuellen Raum. Selbst der reale Sex verwandelt sich heute in den Porno.

Die Pornographisierung der Welt vollzieht sich als deren Profanisierung. Sie profanisiert die Erotik. Agambens »Lob der Profanierung«

erkennt diesen gesellschaftlichen Prozess nicht. Die »Profanierung« bedeutet die Wiederherstellung des Gebrauches der Dinge, die durch das Weihen (*sacrare*) den Göttern vorbehalten und dadurch dem allgemeinen Gebrauch entzogen sind. Sie übt eine bewusste Nachlässigkeit gegenüber den abgesonderten Dingen aus.[39] Dabei geht Agamben von der Säkularisierungsthese aus, dass jede Form der Absonderung einen genuin religiösen Kern in sich bewahrt. So stellt das Museum eine säkularisierte Form des Tempels dar, denn auch innerhalb des Museums sind die Dinge durch eine Absonderung dem freien Gebrauch entzogen. Und der Tourismus ist für Agamben eine säkularisierte Form des Pilgerns. Den Pilgern, die von Wallfahrtort zu Wallfahrtort durchs Land zogen, entsprechen heute, so die Annahme von Agamben, die Touristen, die rastlos durch eine zum Museum gewordene Welt reisen.

Agamben setzt der Säkularisierung die Profanierung entgegen. Die abgesonderten Dinge sollen wieder für den freien Gebrauch zugänglich gemacht werden. Agambens Beispiele für die Profanierung sind jedoch dürftig bis befremdlich: »Was könnte es bedeuten: die Defäkation profanieren? Gewiss nicht, die geforderte Natürlichkeit wiederzugewinnen, auch nicht, sie einfach in Form einer perversen Übertretung zu genießen (was zwar schon besser wäre als gar nichts). Es geht vielmehr darum, die Defäkation archäologisch anzugehen als ein Feld polarer Spannungen zwischen Natur und Kultur, Privatem und Öffentlichem, Eigentümlichem und Gemeinsamem. Das heißt: einen neuen Gebrauch der Exkremente erlernen, wie es die Kinder auf ihre Weise versuchten, bevor die Repression und die Absonderung eingriffen.« De Sades Libertin, der Exkremente einer Dame verspeist, praktiziert wohl die Erotik als Übertretung im Sinne von Bataille. Wie aber die Defäkation profanieren jenseits der Übertretung und Renaturalisierung? Die »Profanierung« soll die Repression aufheben, der das theologische oder moralische Dispositiv die Dinge aussetzt. Agambens Beispiel für die Profanierung in der Natur ist die Katze, die mit dem Wollknäuel spielt: »Die Katze, die mit einem Wollknäuel spielt wie mit einer Maus – genauso wie das Kind mit alten religiösen Symbolen oder mit Dingen, die der Wirtschaftssphäre angehörten –, gebraucht die Verhaltensweisen des Beutemachens [...] im vollen Bewusstsein ihrer Leere. Diese sind nicht ausgelöscht, sondern dank der Verwendung des Knäuels anstelle der Maus [...] entschärft und dadurch offen für einen neuen, möglichen Gebrauch.« Agamben vermutet in jedem Zweck einen Zwang, von dem die Profanierung die Dinge zu einem reinen »Mittel ohne Zweck« zu befreien hat.

Die Säkularisierungsthese macht Agamben blind für das Besondere eines Phänomens, das sich nicht mehr auf die religiöse Praxis zurückführen lässt und dieser sogar entgegengesetzt ist. Es mag sein, dass im Museum die Dinge genauso »abgesondert« werden wie im Tempel. Aber die Musealisierung und Ausstellung der Dinge vernichtet gerade ihren Kultwert zugunsten des Ausstellungswertes. So ist das Museum als Ort der Ausstellung eine Gegenfigur des Tempels als Stätte des Kultes. Auch der Tourismus ist dem Pilgern entgegengesetzt. Er erzeugt »Nicht-Orte«, während das Pilgern an *Orte* gebunden ist. Zu dem Ort, der bei Heidegger das menschliche Wohnen möglich macht, gehört wesentlich das »Göttliche«. Geschichte, Gedächtnis und Identität machen ihn aus. Sie fehlen aber den touristischen »Nicht-Orten«, an denen man *vorbeigeht*, statt zu *verweilen*.

Agamben versucht auch die Nacktheit jenseits des theologischen Dispositivs, nämlich

»jenseits des Prestiges der Gnade und der Verlockungen der verderbten Natur« zu denken. Dabei begreift er die Ausstellung als eine ausgezeichnete Möglichkeit, die Nacktheit zu profanieren: »Es ist die dreiste Gleichgültigkeit, die Models und Pornostars und die anderen Profis der Ausstellung vor allem anderen erlernen müssen: nichts anderes vorzeigen als das Vorzeigen (das heißt ihre absolute Medienintegriertheit). Auf diese Weise belädt sich das Gesicht bis zum Platzen mit Ausstellungswert. Aber genau durch dieses Zunichtemachen des Ausdrucks dringt die Erotik dorthin vor, wo sie eigentlich nicht stattfinden könnte, nämlich ins menschliche Gesicht [...]. Ausgestellt als reines Mittel jenseits jeder konkreten Expressivität, wird es verfügbar für einen neuen Gebrauch, für eine neue Form erotischer Kommunikation.«[40] Die zur Schau gestellte Nacktheit ohne Geheimnis und Ausdruck nähert sich aber der pornographischen Nacktheit. Auch das pornographische Gesicht drückt nichts aus. Es ist ohne Expressivität und Geheimnis: »Je weiter man von einer Form zur anderen voranschreitet – von der Verführung zur Liebe, vom Begehren zur Sexualität und schließlich zum schlichten und einfachen Porno, umso stärker bewegt man sich in Richtung auf ein geringeres Geheimnis, ein geringeres Rätsel […].«[41] Das Erotische ist nie frei vom Geheimnis. Das bis zum Platzen mit Ausstellungswert beladene Gesicht verspricht keinen »neuen, kollektiven Gebrauch der Sexualität«. Entgegen Agambens Erwartung vernichtet die Ausstellung gerade jede Möglichkeit erotischer Kommunikation. Obszön und pornographisch ist das geheimnis- und ausdruckslose, allein auf seine Ausgestelltheit reduzierte nackte Gesicht. Der Kapitalismus verschärft die Pornographisierung der Gesellschaft, indem er alles als Ware ausstellt und zur Schau stellt. Er kennt keinen anderen Gebrauch der Sexualität. Er profanisiert den Eros zum Porno. Hier unterscheidet sich die Profanisierung nicht von Agambens Profanierung.

Die Profanisierung vollzieht sich als Entritualisierung und Entsakralisierung. Heute verschwinden zunehmend die rituellen Räume und Handlungen. Die Welt wird nackter und obszöner. Batailles »heilige Erotik« stellt noch eine ritualisierte Kommunikation dar. Zu ihr gehören rituelle Feste und Spiele als *besondere* Räume, als Räume der Absonderung. Die Liebe, die heute nur noch Wärme, Intimität und angenehme Erregung zu sein hat, deutet auf die Zerstörung der heiligen Erotik hin. Auch die erotische Verführung, die im Porno gänzlich eliminiert ist, spielt mit den szenischen Illusionen und Scheinformen. So setzt Baudrillard die Verführung sogar der Liebe entgegen: »[D]as Ritual gehört zur Ordnung der Verführung. Die Liebe entsteht aus der Zerstörung ritueller Formen, aus ihrer Befreiung. Sie bezieht ihre Energie aus der Zersetzung dieser Formen […].«[42] Die Entritualisierung der Liebe vollendet sich im Porno. Agambens Profanierung leistet der heutigen Entritualisierung und Pornographisierung der Welt sogar Vorschub, indem sie rituelle Räume als Zwangsformen der Absonderung verdächtigt.

FANTASIE

In *Warum Liebe weh tut* bezeichnet Eva Illouz die vormoderne Einbildungskraft als »informationsdünn«. Der Mangel an Information führe dazu, »jemanden überzubewerten«, »ihm einen Mehrwert zuzuschreiben« oder »ihn zu idealisieren«. Einbildungen seien heute dagegen aufgrund digitaler Kommunikationstechnik informationsgeladen: »Die vorgreifende Einbildung, die durch das Internet vermittelt wird, [...] lässt sich als das Gegenteil einer informationsdünnen Einbildung bezeichnen [...]. Die Interneteinbildung [...] stützt sich auf eine Ansammlung von Merkmalen, statt ganzheitlich zu sein; und in dieser speziellen Konstellation scheinen die Menschen über zu viele Informationen zu verfügen und weniger leicht in der Lage zu sein, zu idealisieren.«[43] Illouz nimmt ferner an, die zunehmende Wahlfreiheit bringe eine »Rationalisierung« des Begehrens mit sich. Das Begehren werde nicht mehr durch das Unbewusste, sondern durch eine bewusste Wahl bestimmt. Das Subjekt des Begehrens werde »unentwegt auf Wahlentscheidungen und vernünftigerweise wünschenswerte Kriterien an einem anderen aufmerksam und für diese verantwortlich« gemacht. Die gesteigerte Einbildung habe ferner »die Ansprüche von Männern und Frauen hinsichtlich der von ihnen gewünschten Eigenschaften eines Partners und/oder der Aussichten auf ein gemeinsames Leben verändert und nach oben geschraubt«. Dadurch werde man heute häufiger »enttäuscht«. Die Enttäuschung sei doch eine »berüchtigte Magd der Einbildung«.[44]

Illouz geht auch dem Zusammenhang zwischen Konsumkultur, Begehren und Fantasie nach. Die Konsumkultur stimuliere das Begehren und die Einbildungskraft. Sie dränge heute aggressiv darauf, dass man von ihnen Gebrauch mache und sich in Tagträumen ergehe. Bereits bei »Madame Bovary« glaubt Illouz konstatieren zu können, dass das konsumistische und das romantische Begehren sich einander bedingten. Illouz weist darauf hin, wie sehr Emmas Fantasie der Motor für ihre Konsumsucht gewesen sei. Heute trage auch das Internet dazu bei, »das moderne Subjekt als begehrendes Subjekt zu positionieren, als ein Subjekt, das sich nach Erfahrungen sehnt, von Gegenständen oder Lebensformen tagträumt und in imaginärer und virtueller Weise Erfahrungen macht«.[45] Das moderne Selbst nehme seine Wünsche und Gefühle in wachsendem Maße auf imaginäre Weise durch Waren und Medienbilder wahr. Seine Einbildungskraft werde vor allem durch Konsumgütermarkt und Massenkultur bestimmt.

Illouz führt Emmas Verschwendungssucht auf die frühe Konsumkultur Frankreichs im 19. Jahrhundert zurück: »Tatsächlich wird nur selten darauf hingewiesen, wie sehr Emmas Phantasie der Motor für die Schulden ist, die sie bei Lheureux macht, einem abgefeimten Kleinhändler, der ihr Stoffe und Modeschmuck verkauft. Emmas Phantasien führen direkt in die frühe Konsumkultur Frankreichs im 19. Jahrhundert, gerade weil sie durch ihr romantisches Begehren vermittelt sind.«[46] Entgegen Illouz' Annahme lässt sich Emmas Konsumverhalten nicht durch die sozio-ökonomische Struktur des damaligen Frankreichs erklären. Es äußert sich als Exzess und Verausgabung, die sich der Batailleschen »Aufhebung der Ökonomie« nähern.[47] Bataille setzt die »unproduktive Verausgabung« jenen Formen des Konsums entgegen, »die der Produktion als Mittel dienen«.[48] Lheureux, der früher ein

Geldwechsler gewesen sein soll, repräsentiert gerade die bürgerliche Ökonomie, die von Emmas unproduktiver, exzessiver Verausgabung durchkreuzt wird. Sie widerspricht, so würde Bataille sagen, dem »ökonomischen Prinzip der ausgeglichenen Zahlungsbilanz«,[49] der Logik der Produktion und des Konsums. Als »Prinzip des Verlustes« sagt sie dem bürgerlichen Glück, nämlich dem *Lheureux* ab. Der absolute Verlust ist der Tod. So ist Emmas Tod eine konsequente Folge der Logik der Verausgabung und des Verlustes.

Das Begehren wird heute nicht, wie Illouz annimmt, durch zunehmende Wahlentscheidungen und -kriterien »rationalisiert«. Aufgrund entgrenzter Wahlfreiheit droht vielmehr das *Ende des Begehrens*. Das Begehren ist immer das Begehren des *Anderen*. Die Negativität des Entzugs nährt es. Der *Andere* als Objekt des Begehrens entzieht sich der Positivität der Wahl. Jenes Ich mit seiner »unerschöpflichen Fähigkeit, Kriterien für die Partnerwahl zu formulieren und zu verfeinern«[50], *begehrt* nicht. Die Konsumkultur erzeugt gewiss neue Bedürfnisse und Wünsche durch imaginäre Medienbilder und Narrationen. Das Begehren unterscheidet sich aber sowohl vom Wunsch als auch vom Bedürfnis. Illouz geht auf diese libidoökonomische Besonderheit des Begehrens nicht ein.

Die informationelle *High Definition* lässt nichts undefiniert. Die Fantasie bewohnt aber einen *undefinierten* Raum. Information und Fantasie sind entgegengesetzte Kräfte. So gibt es keine »informationsdichte« Einbildung, die nicht in der Lage wäre, den Anderen zu »idealisieren«. Die *Konstruktion des Anderen* ist nicht abhängig von mehr oder weniger Information. Erst die Negativität des Entzugs bringt ihn in seiner atopischen Andersheit hervor. Sie verleiht ihm eine höhere Seinsebene jenseits der »Idealisierung« oder »Überbewertung«. Die Information ist als solche eine *Positivität*, die zum Abbau der Negativität des Anderen führt.

Nicht die gesteigerte Fantasie, sondern, wenn überhaupt, die höhere Erwartung wäre für die zunehmende Enttäuschung in der heutigen Gesellschaft verantwortlich. In ihrer Soziologie der Enttäuschung unterscheidet Illouz problematischerweise nicht zwischen Fantasie und Erwartung. Die neuen Kommunikationsmedien beflügeln die Fantasie gerade nicht. Ihre hohe Informationsdichte, vor allem die visuelle, unterdrückt sie vielmehr. Die Hypervisibilität ist der Einbildungskraft nicht zuträglich. So zerstört der Porno, der die visuelle Information gleichsam maximiert, die erotische Fantasie.

Flaubert bedient sich gerade der Negativität des visuellen Entzuges, um die erotische Fantasie anzuregen. In der erotischsten Szene des Romans gibt es paradoxerweise fast nichts zu sehen. Léon verführt Emma zu einer Kutschfahrt. Die Droschke fährt ziellos und ohne Halt durch die Stadt, während sie sich hinter herabgelassenen Vorhängen leidenschaftlich lieben. In aller Ausführlichkeit nennt Flaubert Plätze, Brücken und Boulevards, auf denen die Kutsche herumirrt und Orte, an denen sie vorbeifährt, Quatremares, Sotteville, Botanischer Garten usw. Aber nichts von den Liebenden ist zu sehen. Am Ende der erotischen Irrfahrt streckt Emma ihre Hand aus dem Kutschenfenster heraus und wirft Papierschnitzel hinaus, die wie weiße Schmetterlinge im Wind flatternd auf ein Kleefeld niederfallen.

In J. G. Ballards Kurzgeschichte *Die Gioconda des Mittagszwielichts* (*The Gioconda of the Twilight Noon*) zieht sich der Protagonist in ein Landhaus am Meer zurück, um sich von seiner Augenerkrankung zu erholen. Seine zeitweilige Blindheit führt zu einer erheblichen Schärfung der anderen Sinne. Und aus seinem

Inneren steigen Traumbilder, die ihm bald realer erscheinen als die Wirklichkeit und denen er sich obsessiv hingibt. Immer wieder beschwört er die mysteriöse Küstenlandschaft mit blauen Felsen und erklimmt in seiner Vision die Steintreppen, die zu einer Höhle führen. Dort begegnet er einer mysteriösen Zauberin, die sich zum Objekt seines Begehrens verdichtet. Als ihm beim Verbandswechsel ein Lichtstrahl ins Auge fällt, glaubt er, dass das Licht seine Fantasien gleichsam ausbrennt. Er beginnt zwar bald wieder zu sehen, stellt aber fest, dass die Traumbilder nicht mehr wiederkehren. Völlig verzweifelt fasst er den radikalen Entschluss, sein Auge zu zerstören, um *mehr zu sehen*. So vermischt sich der Schmerzensschrei mit einem Jubel: »Schnell schob Maitland die Weidenzweige beiseite und ging zum Ufer hinunter. Einen Augenblick später hörte Judith seinen Schrei aus dem Möwengekreisch heraus. Er klang halb nach Schmerz und halb nach Triumph. Sie rannte zu den Bäumen hinunter, weil sie nicht wusste, ob er sich verletzt hatte oder ob er etwas Schönes entdeckt hatte. Dann sah sie ihn am Ufer stehen, seinen Kopf dem Sonnenlicht zugewandt, das helle Rot auf Wangen und Händen; ein freudiger, reueloser Ödipus.«[51]

Fälschlicherweise nimmt Žižek an, dass der Protagonist Maitland hier dem platonisch-idealistischen Dispositiv folgt, dessen Grundfrage darin besteht, »wie wir von der ewig-veränderlichen ›falschen‹ materiellen phänomenalen Realität zur wahren Realität der Ideen gelangen (aus der Höhle, in der wir nur Schatten wahrnehmen können, ans Tageslicht, wo wir einen Blick auf die Sonne werfen können)«.[52] Žižek zufolge schaut Maitland direkt in die Sonne in der Hoffnung, »die Szene zur Gänze sehen zu können«, d. h. mehr und deutlicher zu sehen.[53] In Wahrheit befolgt Maitland ein anti-platonisches Dispositiv. Indem er das Augen*licht* vernichtet, wagt er den *Schritt zurück* von der Welt der Wahrheit und Hypervisibilität in die Höhle, in diesen halbdunklen Raum der Traumbilder und des Begehrens.

Die innere Musik der Dinge erklingt erst beim *Augenschließen*, das das Verweilen vor ihnen einleitet. So zitiert Barthes Kafka: »Man photographiert Dinge, um sie aus dem Sinn zu verscheuchen. Meine Geschichten sind eine Art von Augenschließen.«[54] Angesichts der schieren Masse an hypervisiblen Bildern ist es heute nicht möglich, *die Augen zu schließen*. Auch der rasche Wechsel von Bildern lässt keine Zeit dafür. Die Augen schließen ist eine *Negativität*, die sich schlecht verträgt mit der Positivität und Hyperaktivität der heutigen Beschleunigungsgesellschaft. Der Zwang zur Hypervigilität erschwert es, die Augen zu schließen. Er ist auch verantwortlich für die neuronale Erschöpfung des Leistungssubjekts. Kontemplatives Verweilen ist eine Schlussform. Die Augen *schließen* ist geradezu ein *Sichtzeichen des Schlusses*. Die Wahrnehmung kann sich allein in einer kontemplativen Ruhe abschließen.

Die Hypervisibilität geht mit dem Abbau von Schwellen und Grenzen einher. Sie ist das Telos der Transparenzgesellschaft. Transparent wird der Raum, wenn er geglättet und eingeebnet wird. Schwellen und Übergänge sind Zonen des Geheimnisvollen und des Rätselhaften, an denen der atopische *Andere* beginnt. Mit den Grenzen und Schwellen verschwinden auch die *Fantasien für den Anderen*. Ohne die Negativität der Schwellen, ohne die Schwellenerfahrung verkümmert die Fantasie. Die heutige Krise der Kunst und auch der Literatur lässt sich auf die Krise der Fantasie, auf das *Verschwinden des Anderen*, d. h. auf die *Agonie des Eros* zurückführen.

Die Grenzzäune oder Mauern, die heute errichtet werden, regen nicht mehr die Fantasien an, denn sie generieren nicht den *Anderen.* Vielmehr durchziehen sie die Hölle des Gleichen, die allein den ökonomischen Gesetzen folgt. So trennen sie die Reichen von den Armen ab. Es ist das Kapital, das diese neuen Grenzen hervorbringt. Das Geld macht aber alles prinzipiell *gleich.* Es nivelliert wesentliche Unterschiede. Grenzen als ausgrenzende und ausschließende Einrichtungen schaffen *Fantasien für den Anderen* ab. Sie sind keine *Schwellen*, keine *Übergänge* mehr, die *anderswohin* führen.

POLITIK DES EROS

Dem Eros wohnt ein »Keim des Universellen«[55] inne. Wenn ich einen schönen Körper betrachte, so bin ich bereits auf dem Weg zum Schönen an sich. Der Eros regt und treibt die Seele dazu an, zu »zeugen im Schönen«.[56] Von ihm geht ein geistiger Auftrieb aus. Die *erosgetriebene* Seele bringt schöne Dinge und vor allem schöne Handlungen hervor, die einen universellen Wert haben. Das ist Platons Lehre des Eros. Sie ist nicht einfach, wie gewöhnlich angenommen, sinnen- oder lustfeindlich. Wird die Liebe wie heute zur Sexualität profanisiert, so weicht aus ihr der universelle Zug des Eros.

Der Eros, der Platon zufolge die Seele lenkt, besitzt Macht über alle ihre Teile: Begierde (*epithymia*), Mut (*thymos*) und Vernunft (*logos*). Jeder Seelenteil hat seine eigene Lusterfahrung und interpretiert das Schöne auf je eigene Weise.[57] Heute scheint vor allem die Begierde (*epithymia*) die Lusterfahrung der Seele zu beherrschen. Daher sind Handlungen selten *thy-*

mosgetrieben. Thymotisch ist etwa die *Wut*, die mit dem Bestehenden radikal bricht und einen *neuen* Zustand beginnen lässt. Heute weicht sie Ärgernissen oder Unzufriedenheiten. Diesen fehlt die Negativität des Bruches. So lassen sie den bestehenden Zustand fortbestehen. Und ohne Eros verkommt auch der Logos zur datengetriebenen Berechnung, die nicht mit dem Ereignis, mit dem Unberechenbaren zu rechnen vermag. Den Eros darf man nicht verwechseln mit der Begierde (*epithymia*).[58] Er ist nicht nur der Begierde, sondern auch dem Thymos übergeordnet. Er veranlasst ihn dazu, schöne Taten hervorzubringen. Der Thymos wäre der Ort, wo Eros und Politik sich berühren würden. Die gegenwärtige Politik aber, die nicht nur ohne Thymos, sondern auch ganz ohne Eros ist, verkümmert zu bloßer Arbeit. Der Neoliberalismus betreibt eine generelle Entpolitisierung der Gesellschaft, indem er nicht zuletzt den Eros durch Sexualität und Pornographie ersetzt. Er basiert auf der Epithymia. In einer Müdigkeitsgesellschaft für sich isolierter Leistungssubjekte verkümmert auch der Thymos ganz. Ein gemeinsames Handeln, ein *Wir* wird unmöglich.

Eine Politik der Liebe wird es sicher nicht geben. Die Politik bleibt antagonistisch. Aber politische Handlungen besitzen eine Ebene, die weit verzweigt mit dem Eros kommuniziert. Es gibt eine politische Transformation des Eros. Jene Liebesgeschichten, die vor dem Hintergrund politischer Aktionen entstehen, deuten auf diese geheime Verbindung zwischen Eros und Politik hin. Badiou lehnt zwar eine unmittelbare Verbindung von Politik und Liebe ab, aber er geht von einer »Art geheimer Resonanz« aus, die entsteht zwischen dem Leben, das gänzlich Engagement im Zeichen einer politischen Idee ist, und der Intensität, die der Liebe eigen ist. Sie seien »wie zwei in ihrem Klang und ihrer Kraft vollkommen unterschiedliche Musikinstrumente, die aber, von einem großen Musiker in demselben Musikstück zusammengebracht, auf mysteriöse Weise zusammenpassen«.[59] Die politische Aktion als ein gemeinsames Begehren nach einer anderen Lebensform, nach einer anderen, gerechteren Welt korreliert auf einer Tiefenebene mit dem Eros. Er stellt eine energetische Quelle für das politische Aufbegehren dar.

Die Liebe ist eine »Bühne der Zwei«.[60] Sie unterbricht die Perspektive des Einen und lässt die Welt aus dem Gesichtspunkt des *Anderen* oder des *Unterschiedes* neu erstehen. Die Negativität einer Umwälzung zeichnet die Liebe als

Erfahrung und Begegnung aus: »Es ist klar, dass ich unter der Einwirkung einer Liebesbegegnung, wenn ich ihr *wirklich* treu bleiben will, von Kopf bis Fuß meine gewöhnliche Art, meine Situation zu leben (*habiter*), umkrempeln muss.«[61] Das »Ereignis« ist ein Moment der »Wahrheit«, der in die vorhandene Situation, in die Gewohnheit des *habiter* eine neue, ganz andere Seinsweise einführt. Es lässt etwas geschehen, worüber die Situation nicht Rechenschaft geben kann. Es unterbricht das Gleiche zugunsten des Anderen. Das Wesen des Ereignisses ist die Negativität des Bruchs, die etwas ganz Anderes beginnen lässt. Die Ereignishaftigkeit verbindet die Liebe mit der Politik oder der Kunst. Sie gebieten alle eine »Treue« zum Ereignis. Diese *transzendentale Treue* lässt sich als eine universelle Eigenschaft des Eros begreifen.

Die Negativität der Verwandlung oder des ganz Anderen ist der Sexualität fremd. Das Sexualsubjekt bleibt sich immer gleich. Ihm stößt kein *Ereignis* zu, denn das konsumierbare Sexualobjekt ist nicht der *Andere*. Daher stellt es mich nie infrage. Die Sexualität gehört in die Ordnung des *Habituellen*, die das *Gleiche* reproduziert. Sie ist die Liebe des *Einen* zum anderen *Einen*. Ihr fehlt ganz die Negativität der Andersheit, die jene »Bühne der Zwei« bespielt. Die Pornographie verschärft die Habitualisierung, denn sie tilgt die Andersheit gänzlich. Ihr Konsument hat nicht einmal ein sexuelles *Gegenüber.* So bewohnt er die *Bühne der Eins.* Vom pornographischen Bild geht kein *Widerstand* des Anderen oder auch des Realen aus. Ihm wohnt auch kein *Anstand*, keine *Distanz* inne. Pornographisch ist gerade die abwesende Berührung und Begegnung mit dem Anderen, nämlich die autoerotische Selbst-Berührung und Selbst-Affektion, die das Ego vor Fremdberührung oder Ergriffenheit schützt. So verstärkt die Pornographie die Narzissifizierung des Selbst. Die Liebe als Ereignis, als »Bühne der Zwei« ist dagegen *ent-habitualisierend* und *ent-narzissifizierend.* Sie erzeugt einen »Bruch«, eine »Lochung« in der Ordnung des Habituellen und des Gleichen.

Es ist ein zentrales Anliegen des Surrealismus gewesen, die Liebe neu zu erfinden. Diese surrealistische Neudefinition der Liebe stellt eine künstlerische, existenzielle und politische Geste dar. So schreibt André Breton dem Eros eine universelle Kraft zu: »The only art worthy of man and of space, the only one capable of leading him further than the stars [...] is eroticism.«[62] Bei Surrealisten ist der Eros das

Medium einer dichterischen Revolution der Sprache und der Existenz.[63] Er wird zu einer energetischen Quelle der Erneuerung erhoben, aus der sich auch die politische Handlung zu speisen hat. Vermittels seiner universellen Kraft verbindet er das Künstlerische, das Existenzielle und das Politische miteinander. Der Eros manifestiert sich als revolutionäres Begehren nach ganz anderer Lebensform und Gesellschaft. Ja er hält die *Treue* zum Kommenden aufrecht.

DAS ENDE DER THEORIE

In einem Brief an seine Frau schreibt Martin Heidegger: »Das Andere, von der Liebe zu Dir u. von meinem Denken in anderer Weise Unzertrennliche, ist schwer zu sagen. Ich nenne es den Eros, den ältesten der Götter nach dem Wort des Parmenides. Der Flügelschlag jenes Gottes berührt mich jedesmal, wenn ich im Denken einen wesentlichen Schritt tue und mich ins Unbegangene wage. Er berührt mich vielleicht stärker u. unheimlicher als andere, wenn lang Geahntes in den Bezirk des Sagbaren herübergeleitet werden soll u. wenn doch noch auf lange Zeit das Gesagte in der Einsamkeit gelassen werden muss. *Dem* rein zu entsprechen und doch das Unsere zu bewahren, dem Flug folgen und doch gut zurückzukehren, beides als gleichwesentlich u. gemäß zu vollziehen, das ist es, woran ich zu leicht versage u. dann entweder in die bloße Sinnlichkeit abgleite oder versuche, durch bloßes Arbeiten Unerzwingbares zu erzwingen.«[64]

Ohne die Verführung des atopischen Anderen, die im Denken ein erotisches Begehren entfacht, verkümmert es zu bloßer *Arbeit*, die immer das *Gleiche* reproduziert. Dem rechnenden Denken fehlt die Negativität der Atopie. Es ist *Arbeit* am Positiven. Keine Negativität versetzt es in Unruhe. Heidegger spricht selbst vom »bloßen Arbeiten«, zu dem das Denken herabsinkt, wenn es nicht, vom Eros getrieben, sich ins »Unbegangene«, ins Unberechenbare wagt. Das Denken wird in dem Moment »stärker«, »unheimlicher« vom Flügelschlag des Eros berührt, in dem es das sprachlose, atopische Andere in die Sprache zu überführen sucht. Der Widerstand des atopischen Anderen fehlt dem rechnenden, datengetriebenen Denken ganz. Das Denken ohne Eros ist bloß repetitiv und additiv. Und die Liebe ohne Eros, ohne dessen geistigen Auftrieb, verkommt zu »bloßer Sinnlichkeit«. Sinnlichkeit und Arbeit gehören zur selben Ordnung. Sie sind ohne Geist und Begehren.

Vor einiger Zeit hat der Chefredakteur des Magazins *Wired*, Chris Anderson, einen provokanten Artikel mit dem Titel »The End of Theory« veröffentlicht. Dort behauptet er, dass unvorstellbar große Datenmengen, die nun verfügbar seien, Theoriemodelle gänzlich überflüssig machen würden: »Today companies like Google, which have grown up in an era of massively abundant data, don't have to settle for wrong models. Indeed, they don't have to settle for models at all.«[65] Man analysiert Daten und findet Muster (*pattern*) ausgehend von Zugehörigkeiten oder Abhängingkeiten. An die Stelle hypothetischer Theoriemodelle treten direkte Abgleiche von Daten. Korrelation ersetzt Kausalität: »Out with every theory of human behavior, from lingustics to sociology. Forget taxonomy, ontology, and psychology. Who knows why people do what they do? The point is they do it, and we can track and measure it with unprecedented fidelity. With enough data, the numbers speak for themselves.«

Seiner These legt Anderson einen schwachen, verkürzten Theoriebegriff zugrunde. Die Theorie ist mehr als ein Modell oder eine Hypothese, die sich anhand von Experimenten verifizieren oder falsifizieren ließe. *Starke Theorien* wie etwa Platons Ideenlehre oder Hegels Phänomenologie des Geistes sind keine Modelle, die sich durch Analysen von Daten ersetzen ließen. Ihnen liegt ein Denken im emphatischen Sinne zugrunde. Die Theorie stellt eine wesentliche Entscheidung dar, die die

Welt ganz anders, in einem ganz anderen Licht erscheinen lässt. Sie ist eine primäre, primordiale Dezision, die darüber entscheidet, was dazugehört und was nicht, was *ist* oder zu *sein* hat und was nicht. Als hochselektive *Narration* schlägt sie eine Schneise der Unterscheidung durch das noch »Unbegangene«.

Ein *datengetriebenes* Denken gibt es nicht. Datengetrieben ist nur das Rechnen. Dem Denken ist die Negativität des Unberechenbaren eingeschrieben. So ist es den »Daten«, d. h. dem Gegebenen, vorgeordnet, ja *vorgegeben*. Die Theorie, der das Denken zugrundeliegt, ist eine *Vor-Gabe*. Sie transzendiert die Positivität des Gegebenen und lässt dieses auch jäh in einem anderen Licht erscheinen. Das ist keine Romantik, sondern die Logik des Denkens, die seit dessen Anfängen gilt. Die uferlos wachsende Daten- und Informationsmasse lenkt die Wissenschaft heute massiv von der Theorie, vom Denken ab. Informationen sind an sich positiv. Die datenbasierte Positivwissenschaft (die Google-Wissenschaft), die sich im Ab- und Vergleich von Daten erschöpft, beendet die Theorie im emphatischen Sinne. Sie ist *additiv* oder *detektivisch* und nicht *narrativ* oder *hermeneutisch*. Ihr fehlt die durchgehende narrative Spannung. So *zerfällt* sie zu Informationen. Angesichts der wuchernden Informations- und Datenmasse sind heute Theorien notwendiger denn je. Sie hindern die Dinge daran, sich zu vermischen und zu wuchern. So reduzieren sie die Entropie. Die Theorie *klärt* die Welt, bevor sie sie erklärt. Man muss den gemeinsamen Ursprung von Theorie und Zeremonien bzw. Ritualen bedenken. Sie setzen die Welt *in Form*. Sie formen den Verlauf der Dinge und rahmen sie ein, damit sie nicht ausufern. Die heutige Informationsmasse wirkt dagegen *deformativ*.

Die Informationsmasse erhöht massiv die Entropie der Welt, ja den Lärmpegel. Das Denken bedarf einer Stille. Es ist eine Expedition in die Stille. Die heutige Krise der Theorie hat vieles gemeinsam mit der Krise der Literatur und der Kunst. Der französischer Vertreter des *nouveau roman* Michel Butor begreift sie als eine Krise des Geistes: »Wir leben nicht nur in einer Wirtschaftskrise, wir leben auch in einer literarischen Krise. Die europäische Literatur ist bedroht. Was wir in Europa gerade erleben, ist eine Krise des Geistes.«[66] Auf die Frage, woran man diese Krise des Geistes erkenne, antwortet Butor: »Seit zehn oder zwanzig Jahren passiert beinahe nichts mehr in der Literatur. Es gibt eine Flut von Veröffentlichungen, aber einen geistigen Stillstand. Die Ursache ist eine Krise der Kommunikation. Die neuen Kommunikationsmittel sind bewundernswert, aber sie verursachen einen ungeheueren Lärm.« Die wuchernde Informationsmasse, dieses *Übermaß an Positivität*, äußert sich als Lärm. Die Transparenz- und Informationsgesellschaft ist eine Gesellschaft mit sehr hohem Lärmpegel. Ohne *Negativität* gibt es aber nur das Gleiche. Der Geist, der ursprünglich Unruhe bedeutet, verdankt ihr seine Lebendigkeit.

Die datengetriebene Positivwissenschaft bringt keine *Erkenntnis* oder Wahrheit hervor. Informationen nimmt man nur zur *Kenntnis*. Aber die Kenntnis ist noch keine Erkenntnis. Aufgrund ihrer Positivität ist sie additiv und kumulativ. Informationen als Positivitäten verändern und verkünden nichts. Sie sind ganz *folgenlos*. Die Erkenntnis ist dagegen eine Negativität. Sie ist exklusiv, exquisit und exekutiv. So kann eine Erkenntnis, der eine *Erfahrung* vorausgeht, das Gewesene in Gänze erschüttern und etwas *ganz Anderes* neu beginnen lassen. Das Übermaß an Kenntnisnahme lässt keine Erkenntnis aufkommen. Die Informationsgesellschaft ist eine Erlebnisgesellschaft. Auch das Erlebnis ist additiv und kumulativ. Darin unterscheidet es sich von der Erfahrung, die oft *einmalig* ist. So hat es auch keinen Zugang zum ganz Anderen. Ihm fehlt der Eros, der *verwandelt*. Auch die Sexualität ist eine positive Erlebnisformel der Liebe. Daher ist sie ebenfalls additiv und kumulativ.

Sokrates tritt in Platons Dialogen als Verführer, Geliebter und Liebhaber auf, der aufgrund seiner Singularität *atopos* genannt wird. Seine Rede (*logos*) vollzieht sich selbst als eine *erotische Verführung*. Daher wird er mit dem Satyr Marsyas verglichen. Satyren und Silenen gehören bekanntlich zu den Begleitern des Dionysos. Sokrates sei bewundernswerter als der Flötenspieler Marsyas, denn er verführe und berausche allein mit den Worten. Jeder, der sie vernehme, gerate ganz außer sich. Alkibiades berichtet, ihm poche das Herz weit heftiger als den vom Korybantentanz Ergriffenen, wenn er ihn höre. Er werde durch diese »Reden der Weisheit« (*philosophia logon*) verwundet wie durch einen Schlangenbiss. Tränen würden ausgepresst von seinen Reden. Bisher ist der an sich erstaunlichen Tatsache kaum Beachtung geschenkt worden, dass gerade in den Anfängen der Philosophie und Theorie der Logos und der Eros eine derart intime Beziehung eingehen. Der Logos ist kraftlos ohne die Macht des Eros. Alkibiades erzählt, dass

Perikles oder andere gute Redner im Gegensatz zu Sokrates ihn weder ergreifen noch in Unruhe versetzen würden. Ihren Worten fehlt die erotische Verführungskraft.

Eros führt und verführt das Denken durch das *Unbegangene*, durch das atopische Andere. Die Dämonie der Sokratischen Rede geht auf die *Negativität der Atopie* zurück. Sie mündet aber nicht in die *Aporie*. Entgegen der Überlieferung erklärt Platon *Poros* zum Vater des Eros. *Poros* heißt *Weg*. Das Denken wagt sich zwar ins Unbegangene, aber es verliert sich nicht darin. Aufgrund seiner Herkunft weist Eros ihm den *Weg*. Philosophie ist Übersetzung des Eros in Logos. Heidegger folgt Platons Theorie des Eros, wenn er bemerkt, dass er vom Flügelschlag des Eros berührt werde, sobald er im Denken einen wesentlichen Schritt tue und sich ins Unbegangene begebe.

Eros wird bei Platon *philosophos*, Freund der Weisheit, genannt.[67] Der Philosoph ist ein Freund, ein Liebhaber. Dieser Liebhaber ist aber keine äußere Person, kein empirischer Umstand, sondern eine »innere Gegenwart im Denken, eine Möglichkeitsbedingung des Denkens selbst, eine lebendige Kategorie, ein transzendentales Erleben«.[68] Das Denken im emphatischen Sinne hebt erst mit Eros an. Ein

Freund, ein Liebhaber muss man gewesen sein, um denken zu können. Ohne Eros verliert das Denken jede Vitalität, jede Unruhe und wird repetitiv und reaktiv. Der Eros innerviert das Denken mit dem Begehren nach dem atopischen *Anderen*. In *Was ist Philosophie?* erheben Deleuze *und* Guattari den Eros zur transzendentalen Bedingung der Möglichkeit für das Denken: »Was bedeutet ›Freund‹, wenn er [...] Bedingung für den Vollzug des Denkens wird? Oder Liebhaber, ist es nicht eher Liebhaber? Und wird der Freund nicht selbst ins Denken noch ein vitales Verhältnis zum Anderen wieder einführen, den man aus dem reinen Denken ausgeschlossen geglaubt hatte?«[69]

ANMERKUNGEN

1 Roland Barthes, Die helle Kammer, Frankfurt a. M. 1985, S. 45.
2 Maurice Blanchot, [... absolute Leere des Himmels ...], in: Die andere Urszene, hrsg. von M. Coelen und F. Ensslin, Berlin 2008, S. 19.
3 Maurice Blanchot, Die Schrift des Desasters, München 2005, S. 176.
4 Michel Foucault, Die Geburt der Biopolitik. Geschichte der Gouvernementalität II, Frankfurt a. M. 2006, S. 314.
5 Ebd., S. 63.
6 Ebd., S. 97.
7 Ebd.
8 Emmanuel Lévinas, Die Zeit und der Andere, Hamburg 1984 S. 58.
9 Ebd. S. 61.
10 Vgl. Martin Buber, Urdistanz und Beziehung, Heidelberg 1978.
11 Emmanuel Lévinas, Die Zeit und der Andere, a.a.O., S. 56.
12 E. L. James, Shades of Grey, München 2012, S. 191.
13 Ebd., S. 412.
14 So schreibt Freud an Wilhelm Fließ: »Du weißt, ich arbeite mit der Annahme, dass unser psy-

chischer Mechanismus durch Aufeinanderschichtung entstanden ist, indem von Zeit zu Zeit das vorhandene Material von Erinnerungsspuren eine Umordnung nach neuen Beziehungen, eine Umschrift erfährt. Das wesentlich Neue an meiner Theorie ist also die Behauptung, dass das Gedächtnis nicht einfach, sondern mehrfach vorhanden ist, in verschiedenen Arten von Zeichen niedergelegt« (Sigmund Freud, Briefe an Wilhelm Fließ. 1887–1904, hrsg. von J. M. Masson, Frankfurt a. M. 1986, S. 173).

15 Lévinas, Die Zeit und der Andere, a.a.O., S. 60.

16 Ebd., S. 50.

17 Phaidros, 253e

18 Marsilio Ficino, Über die Liebe oder Platons Gastmahl, Hamburg 2004, S. 327.

19 Ebd., S. 329.

20 Ebd., S. 331.

21 Eva Illouz, Der Konsum der Romantik. Liebe und die kulturellen Widersprüche des Kapitalismus, Frankfurt a. M. 2003, S. 99.

22 Vgl. G. W. F. Hegel, Schriften zur Politik und Rechtsphilosophie, Sämtliche Werke, hrsg. von G. Lasson, Bd. VII, Hamburg 1913, S. 370.

23 Hegel, Jenenser Realphilosophie I, hrsg. v. J. Hoffmeister, Leipzig 1932, S. 229.

24 Friedrich Nietzsche, Also sprach Zarathustra, Kritische Gesamtausgabe, 5. Abteilung, 1. Band, S. 14.

25 Aristoteles, Politik, 1257b.

26 Hegel, Vorlesungen über die Ästhetik II, Werke in zwanzig Bänden, hrsg. von E. Moldenhauer und K. M. Michel, Frankfurt a. M. 1970, Bd. 14, S. 155.

27 Hegel, Phänomenologie des Geistes, Werke a.a.O, Bd. 3, S. 36.

28 Hegel, Enzyklopädie der philosophischen Wissenschaften im Grundrisse. Erster Teil. Die Wissenschaft der Logik, Werke a.a.O, Bd. 8, S. 331.

29 Hegel, Vorlesungen über die Ästhetik, a.a.O., S. 144.

30 Marsilio Ficino, Über die Liebe oder Platons Gastmahl, a.a.O., S. 69.

31 Ebd.

32 Georges Bataille, Die Erotik, München 1994, S. 13.

33 Ebd., S. 234.

34 Ebd., S. 21.

35 Hegel, Wissenschaft der Logik II, Werke a.a.O, Bd. 6, S. 76.

36 Alain Badiou, Lob der Liebe. Ein Gespräch mit Nicolas Truong, Wien 2011, S. 45.

37 Jean Baudrillard, Die fatalen Strategien, München 1991, S. 12.

38 Das ist die These von Robert Pfaller in: Das schmutzige Heilige und die reine Vernunft (Frankfurt a. M. 2008).

39 Giorgio Agamben, Profanierungen, Frankfurt a. M. 2005, S. 71.

40 Ebd., S. 89.

41 Baudrillard, Die fatalen Strategien, a.a.O., S. 130.

42 Ebd., S. 125.

43 Eva Illouz, Warum Liebe weh tut, Suhrkamp 2011, S. 413.

44 Ebd., S. 386.

45 Ebd., S. 375.

46 Ebd., S. 373f.

47 Vgl. Patricia Reynaud, Economics and Counter-

productivity in Flaubert's Madame Bovary, in: Literature and Money, hrsg. von A. Purdy, Amsterdam 1993, 137–154, hier: S. 150: »Flaubert's process of narration is [...] an instance of sovereignty, of creative overflow [...]. Non-value characterizes a feminine economy, disparaged by basic economics. Non-value asserts itself through the non-inscription of women in circuits of exchange, by non-work [...].«

48 Bataille, Die Aufhebung der Ökonomie, München 2001, S. 12.

49 Ebd., S. 13.

50 Illouz, Warum Liebe weht tut, a.a.O., S. 416.

51 J. G. Ballard, Die Giocanda des Mittagszwielichts, in: Der unmögliche Mensch, München 1973, S. 118–127, hier: S. 127.

52 Slavoj Žižek, Die Pest der Phantasmen, Wien 1999, S. 82.

53 Ebd., S. 81.

54 Barthes, Die helle Kammer, a.a.O., S. 65.

55 Badiou, Lob der Liebe, a.a.O., S. 23.

56 Symposion 206b.

57 Vgl. Th. Alexander Szlezák, ›Seele‹ bei Platon, in: H.-D. Klein (Hrsg.), Der Begriff der Seele in der Philosophiegeschichte, 2005 Würzburg, S. 65–86, hier: S. 85.

58 Vgl. Robert Pfaller, Das schmutzige Heilige und die reine Vernunft, S. 144: »In der ›Politeia‹ hat Platon eine dreiteilige Topik der menschlichen Seele entworfen, die den Logos (die Vernunft), den Eros (die Begierde) und den Thymos (den Stolz) umfasste.«

59 Badiou, Lob der Liebe, a.a.O., S. 62.

60 Ebd., S. 39.

61 Alain Badiou, Ethik. Versuch über das Bewusstsein des Bösen, Wien 2003, S. 63.
62 André Breton, Exposition internationale du surréalisme [EROS], zitiert in: Alyce Mahon, Surrealism and the Politics of Eros, London 2005, S. 143.
63 Vgl. ebd., S. 65.
64 Briefe Martin Heideggers an seine Frau Elfride 1915–1970, München 2005, S. 264.
65 Wired Magazine vom 16. 7. 2008.
66 ZEIT vom 12. 7. 2012.
67 Symposion 203e.
68 Gilles Deleuze/Félix Guattari, Was ist Philosophie?, Frankfurt a. M. 1996, S. 7.
69 Ebd.

Dritte Auflage Berlin 2024

Großbeerenstraße 57 A | 10965 Berlin
info@matthes-seitz-berlin.de

Druck und Bindung: Art druk, Szczecin
Umschlaggestaltung nach einer Idee
von Pierre Faucheux

www.matthes-seitz-berlin.de

ISBN 978-3-95757-277-6